俄语教学词典的理论与实践

张可任 著

知识产权出版社

内容提要

　　本书是探讨俄语教学词典理论的一部专著。全书共分"俄语教学词典概要"、"词书评论"和"外语教学改革"三部分。"俄语教学词典概要"的主要论题有：教学词典产生的背景、特点和规模；词典词目的选择、义项的划分、释义的方式和内容、词汇辨异、词的搭配和例句、词目和词例的翻译以及例句的数量等。"词典评论"是对"俄语教学词典概要"理论的检验、补充和反证。理论与实践的结合是本书的一大特色，书中有大量的语言例证，读者读起来不应感到枯燥。

责任编辑：赵　军
图书在版编目（CIP）数据

俄语教学词典的理论与实践/张可任著. —北京：知识产权出版社，2010.7
　ISBN 978-7-5130-0061-1

Ⅰ.①俄… Ⅱ.①张… Ⅲ.①俄语—教学研究—文集 Ⅳ.①H359.3-53

中国版本图书馆 CIP 数据核字（2010）第 115562 号

俄语教学词典的理论与实践
EYU JIAOXUE CIDIAN DE LILUN YU SHIJIAN

张可任　著

出版发行：知识产权出版社	
社　　址：北京市海淀区马甸南村1号	邮　编：100088
网　　址：http://www.ipph.cn	邮　箱：bjb@cnipr.com
发行电话：010-82000893 82000860 转 8101	传　真：010-82000893
责编电话：010-82000860 转 8127	责编邮箱：jyb.999@163.com
印　　刷：北京富生印刷厂	经　销：新华书店及相关销售网点
开　　本：880 mm×1230 mm　1/32	印　张：7.125
版　　次：2010年9月第1版	印　次：2010年9月第1次印刷
字　　数：151千字	定　价：21.00元

ISBN 978-7-5130-0061-1/H·047（3005）

出版权专有　侵权必究
如有印装质量问题，本社负责调换。

目 录

代序 ·· 1
    外语教学法与语言学 ··· 3

俄语教学词典概要 ·· 13
    试论教学型词典的特点及其体系 ························· 15
    俄语教学词典编纂中的几个问题 ························· 25
    俄语教学词典的特点、规模和释义 ····················· 38
    俄语教学词典的词义划分 ··································· 51
    俄语教学词典中的词汇辨异 ································ 61
    俄语教学词典中词的搭配问题 ····························· 72
    双语词典词目的翻译问题 ··································· 80
    双语词典中的词例翻译 ······································ 86
    谈教学词典例句的数量 ······································ 93
    俄语词的搭配和搭配词典 ·································· 102
    从俄语语法规则中的例外现象谈起 ···················· 116
    词的感情色彩与辞书编纂 ·································· 122
    从辞典的科学性谈鉴赏辞典的性质和归属 ··········· 130

词书评论 ··· 139
 《俄汉搭配词典》读后 ······································ 141
 谈《大俄汉词典》中的一些疏失 ······························ 151
 对《俄语教学词典》词义注释的几点批评 ······················ 158
 《词的语言意义、文化意义与辞书编纂》读后 ·················· 167
 简评《俄汉科技词汇大全》 ·································· 172
 关于汉语量词的界线问题
  ——兼评《汉语量词词典》 ······························ 182

附录——关于外语教学改革 ··································· 189
 关于外语教学改革中提出的"有专业侧重"问题 ················ 191
 谈外语院校的培养目标与提高教学质量的关系 ·················· 200
 对改进阅读课的几点设想 ···································· 210

后记 ·· 217

代 序

外语教学法与语言学

一

外语教学和语言学是密切相关的,语言学是外语教学的重要理论基础之一。在古代和中世纪时期它们本来是一个整体,只是在十九世纪初叶随着比较语言学的产生才分成了两家。虽然如此,语言学和语言教学之间仍然保持着不可分割的紧密联系。语言理论本身固然"不会导致在语言教学中实际应用的发展,但它却确确实实是有效地、令人满意地发展这种实际应用不可或缺的前提"。(G. 海尔比希)一定的教学法总是依据于一定的语言学说,比如听说法之所以在外语教学中强调模仿和死记,就是因为它接受了结构主义语言学关于语言是一套习惯的观点;语法—翻译法之所以重视有关语言知识的讲解和分析,是因为它采纳了关于语言是代码的理论。

语言是一个十分复杂的结构系统,和社会有着多种不同性质的联系。各种语言学派如何看待和处理语言内部和外部的关系,如何看待和处理语言内部结构和功能、形式和意义、语言和言语、口语和书面语、部分和整体、共时和历时等等关系,都会对外语教学法的制订和采用产生重大的影响。因此,不了解语言本身的特点和规律,不了解语言学的发展历史,不了解各种语言学派的语言观,要想正确地认识各种教学方法并对之作出恰当的评论,是很难在实际教学中对某一方法的使用,也必然会多少带有盲目性。Л. В. 谢尔巴早就指出,语言的教学法基本上不应该是教学法的一个学科,而应是语言学的一个学科,应该把它看作是普通语言学的一个应用部门。1975 年哈金斯在约克大学语言教学中心的一次年会上也说:讨论方法,就不能不提到语言学的贡献。我总是相信英语教师接受语言学基本训练的重要性日益增加。但可惜的是,"今天在语言学家的研究工作与语言教师的实际问题之间,不管如何需要迫切合作,看来鸿沟似乎正在扩大。语言教师由于没有得到语言学方面的充分修养,以至妨碍了他们对语言理论和语法描写的了解和评价,因而感到沮丧;又由于普通语言学家或者实际上就是应用语言学家常常不懂得教学理论和实践而乱提意见,因而感到恼火,于是他们失去了对这个问题的一切兴趣,趋于沉默,满足于自己的经验和从某处得到的教学惯例,不再进取。"(艾迪·卢莱,转引自《语言学动态》1978 年第 3 期第 32 页)

现在,应该是双方努力,弥合这一鸿沟的时候了。

二

为了对整个外语教学法有个概貌的了解,从而作出我们自己的抉择;也为了进一步说明语言学和外语教学的联系,下面我们将按照"传统语言学与传统教学法,结构主义语言学与结构教学法,社会语言学与功能教学法"的顺序,通过对比,简要地介绍一下几种主要教学法的特点。

(1) 传统语言学与传统教学法

首先需要说明,"传统"二字在这里不单纯是一个时间概念,而更重要的是指持有一定学术观点,独具特色的学术派别。

传统语言学:①把语言研究主要作为一种手段,其目的是解释古典名著,维护体现在这些名著中的语言规范,不让它改变,并以此来指导人们学习和使用语言。因此,它最关注的是使语言的正确用法规则化、固定化。它考虑的不是人们实际上怎么说和怎么写,而是规定人们应该怎么说和怎么写,活像一个维持正确性的警察。②只关心书面语,不大注意口语。实际上是混淆了书面语和口语的界限,用书面语的规范代替口语的规范。格雷维斯的《法语语法纲要》中有三分之一的例句引自大作家,其中半数为17世纪作家的作品。③偏重分析,忽视综合,讲词法多,讲句法少,讲词句的解剖多,讲词句的组合少。④定义和规则多从意义和逻辑出发,对语言形式注意不够;过分看重了各种语言之间的共有理性,不大考虑语言的民族特点。比如对英语语法的描写就是以拉丁语和希腊语作为蓝本的。

传统教学法(包括语文法、语法—翻译法等):①教材以语法为纲,课文以文学名著为主,方法以翻译和语法分析为主。②教学中主要使用本族语,注意本族语与外语的对比。③重理论而轻实践,重语言知识的传授而轻语言运用的训练,讲的多练的少。对合乎规则的用法注意少;对不规则的用法注意多,语法分析繁琐。④重书面语而轻口语,笔语练习多,口语练习少;举例有时不切合实际。⑤重视语言个别成分的理解而忽视语言的综合运用,单项练习多,综合性的练习少,机械性的语言练习多,灵活性的言语练习少。重视学生运用语言的个别错误,而忽视学生运用语言表达思想、进行交际能力的培养。

用这种方法培养出来的学生,分析理解能力强,运用能力差;阅读能力强,口语能力差。在华工作友人马德海说:"不少学生文法规则熟得很,但一开口,英语很可怜,根本表达不出自己的思想。过分重视文法还会束缚学生用英文去思考。他脑子里整天想的是文法规则,而不是活生生的语言。"讲口语时,带有浓重的书面语味儿,"最常见的错误是选错了文体项目或是把不同的文体项目搅混在一起"(哈利戴)。

(2)结构主义语言学和结构教学法

结构主义语言学:①反对规定主义,认为语言学的任务是描写而不是规范语言。在语言研究中重视实际调查。②注重口语,而不大讲书面语。认为"口语历来是最完美的语言形式",是语言的基本形式。③偏重语言的形式分析,甚至把语言归结为纯关系的系统,而忽视或排斥语言的意义。因为意义,在他们看来,是一种主观的东西,难以用客观的、可以验证的方法来测定。例如,对英语的描写主要集中在表达思想的四种方式方法:词形、功能词、词序和调型。④过分强调各种语言本身的独特性,否认不同语言之间存在的通性。

结构教学法(包括模忆法、口语法、听说法、视听法、句型教学法等):①教材以结构为中心,课文以口语常用句型为主,不直接选用古典文学名著。②重实践而轻理论,重形式而轻内容。为了培养"语言习惯",强调大量的机械性模仿练习。以基本句型为基础,进行各种替换、转换操练,要求是最终达到自动化。不让学生自由造句或自由作文,力求学生的反应不出现错误,因为任何错误都可能成为习惯。一般不讲语法规则,没有词汇表,反对脱离上下文学单词,强调句中学词,用中学词。通过说话学说话,在学话中领会规则。③重听说而轻读写,甚至把口语当作唯一的目标,即使学生将来的工作是以阅读为主。④过分看重了母语在外语学习中的干扰作用,坚持用单一的目的语教学,反对对比和翻译,仿佛学外语就非得忘了母语不可。

用这种方法培养出来的学生,一般听说能力比较强。但由于它忽视意义,不讲理论,强调模仿,没有提供使用语言所必需的知识,因此,学生只能"鹦鹉学舌",不善于自由地表达自己的思想,判断语言是非的能力比较弱。R. A. 克罗士说:"我是剑桥大学考试委员会的委员,要阅卷评分,遇到试卷里的作文完全由句型组成,但完全没有内在联系,我只能批个零分,强调句型的主张陷入泥坑。"

(3)社会语言学和功能教学法

社会语言学的产生被吕叔湘先生誉为"语言学的第三次解放"。在此之前,从索绪尔到乔姆斯基,都忽略了语言的社会功能。一些有关语言教学的主要语言理论,大都是:①只描写语言系统而不描写语言的运用;②只处理句子结构而忽略诸如文章和对话那样的交际单元;③只研究语言的所指功能而忽略其他功能;④只研究语言的一种变体而忽略该语言总库中的其他变体。① 而社会语言学强调对语言的社会功能,以及由这种功能所决定的语言结构特点的研究。它认为,语言是人类交际最重要的手段,要能有效地使用它,不仅需要有关语言的知识,而且要知道运用这些知识的情景语境。要考虑到不同的社会阶层、不同的教育水平、不同身分、不同年龄的人在语言表现上的差异,要考虑到不同的社会环境、不同的交际场合在使用语言方面的特点。用菲什曼一句通俗的话来说,就是要注意到:Who speaks what lan-

---

① 参见 Linguistic Theory, Linguistic Description and Language Teaching, Eddy Roulet 著,C. N. Cand – Lin 英译,1976 年英国龙门书局,第 4 章。

guage to whom and when(谁在什么时候用什么样的语言对谁讲什么话)。

功能教学法(包括交际法、意念法、情景法等):①重视教学目的,把语言的交际功能提到了首位。交流思想的能力既是教学目的,又是教学手段,也是检查教学效果的尺度。②教材以功能(意念)为纲,话语主题内容的安排优先于语言结构的渐进安排,针对性很强。极端的主张是,将来用什么学什么,急用先学,不用不学。③强调教学过程交际化,语言要来自实际生活。要求尽量创造真实的外语环境,为学生提供尽量多的交际机会。练习形式主要是会话中的角色扮演。④重视语言教学的整体性和综合性,主张把句子放到上下文中,放到整段整篇的话语中去学。⑤强调表达思想内容,不苛求语言形式,认为教师在课堂上一再打断学生的表达以纠正其错误的作法,是只见树木不见森林。应该引导学生大胆讲话,不计较在表达思想时的个别错误;当然也不是完全放任自流,要区分错误的性质。

功能教学法也有它的缺陷:①它忽视语言形式,难于使教材循序渐进。②要求学生在同一教学单位时间内学习和掌握多方面的内容,特别在学习初期,是困难的。否则,课程进度就会减慢。③由于所有课堂教学都和情景语境有关,教师需要花费很多时间去构造情景,因而造成负担过重。

总地说来,结构教学法是和传统教学法相对立的;后者重视意义,前者重视形式,后者重视书面语,前者重视口语。功能教学法又是和结构教学法、传统教学法相对立的:后者侧重语言的结构,前者强调语言的交际功能。但从知识与实践的关系来看,结构教学法、功能教学法又是和传统教学法相对立的:前者注重实践,后者注重知识。然而也正因为结构教学法和功能教学法忽视外语学习过程中的认识作用，所以又有人提出认知教学法(认知—符号法)，主张先学具体的语言结构，再学会把它用于实践，认为运用语言的能力是在理解语言知识、控制语言规则的基础上通过大量的多种多样的练习获得的。这看起来仿佛是又回到传统的老路上去了。但历史的发展总是螺旋式的上升，不会简单地重复以往的东西。在外语教学法中占首要地位的无论如何还是语言的运用，而不是语言的知识。另外，也有人从克服结构教学法和功能教学法各自存在的不足出发，主张把这两种方法结合起来，提出听说读写并重，并在真实情景中进行教学的统整法。

三

(1)任何一种能够称得起学派的教学法，都是在一定的社会条件下，适应一定的社会需要而产生的，都有它的价值。传统教学法在苏联外语教学中取得成功，结构教学法在美国一直占据主要位置，功能教学法则在英国等西欧国家受到欢迎。我们不能像看待电子计算机产品那样评价外语教学法，认为产生得早的、传统的就一定是落后的，新近产生的就一定是先进的。把功能教学法称作什么"第三代教学法"，是不完全妥当的。

任何一种教学法都没有绝对的普遍意义，它不可能适用于所有的教学对象和所有的教学课程；何况现有的教学法都还不是十分完善。国外有些学校曾经用结构法和传统法在平行班中进行试验，其结果常常表明结构法效果并不显著。结构法试验班的学生虽然在听说水平上略有胜过，但在读写方面则差于传统法班中的学生。

各种教学法实际上并不相互排斥,而是互为补充的。每一种教学法,在其产生的初期,虽然都不免有些"矫枉过正"的极端提法,但在以后的发展中都逐步有所改正和补充。《英语900句》是结构派体系的教材,但1978年出版的《新900句》已经试图把传统、功能和结构派的做法揉合在一起。苏联外语长期使用传统法,但从20世纪50年代后期也开始重视口语和语言实践能力的培养。因此,我们既不能全盘地肯定某一种方法,也不能全盘地否定另一种方法。"看起来,革命的种子往往撒在为流行的学说所轻视的领域里。"(鲍林杰)我们应该一分为二地对待各种教学法学派,取其所长,克其所短,为我所用。

(2)路是人走出来的。盲从是愚蠢的。我们要坚持"实践是检验真理的唯一标准"的原则,下大决心,制订出适合我国国情的外语教学法,进行严密的、首尾一贯的试验,作出我们自己的结论来。

制订教学方法,一般要考虑四个因素:

①培养目标和教学目的。目标和目的越具体,方向越明确,方法越好选择,教学效果也越好。特种专用英语教学之所以成绩显著,原因之一就是针对性强,目的明确。第二次世界大战时,美国用结构教学法培养出国参战人员取得了成功,也有目标明确的因素在起作用。把不同的培养目标和不同的教学目的硬扯在一起,必然会互相牵制,影响效果。现代的教学法大都是为培养译员而设制的,要用它来培养语言研究人员或高等学校的教师就显得不够了。即使从打基础来说,不同职业、不同工作,对外语专业基础的要求也不可能完全一致。

②教学对象。不同的教学对象具有不同的特点,不能同等对待。比如直接教学法比较适宜于中小学生而不适宜于成年人;语法—翻译法则比较适宜于成年人而不适宜于儿童。印欧语言对中国人和欧洲

人并不一样困难,学生每个人的素质和"五会"能力的强弱也不总是一致的,等等。

美国在20世纪70年代前后开始个别化教学运动,把个人而不是一个班作为教学单位,力图创造一种将学业程度、学习速度、具体目标、教学内容和教与学的方法上的差异一并考虑在内的教学形式,这不是没有道理的。

③不同的学习阶段,如中学和大学的差别,大学高年级和低年级的差别等。语言知识对于高年级学生是有价值的,但在初学阶段它对于学生获得语言实践技能却帮助很少,且常有妨碍。结构法在日本只用于低年级教学。

④教学条件,如师资条件、教学设备等。日本著名英语教学法专家小川芳男认为,要实施直接教学法,"学生要具有学习外语的能力;教师必须到英语国家留学一年以上,受过英语会话的专门训练;小班上课,每班不超过10个人;每周英语课不少于10课时。"(见所著《英语教学法概观》)要充分发挥交际教学法的作用,就得有一定的教学设备和条件,如建立外语村。

制订教学法,还需要处理好几个关系:①教与学的关系;②本族语和外语的关系;③传授知识和培养能力的关系;④"四会"或者"五会"(听说读写译)能力之间的关系;⑤语言结构和语言功能的关系;⑥语言结构各要素之间的关系;⑦口语和书面语的关系;等等。

但不管采取何种方法,目前教学中都应该坚持:

①教学的中心是学而不是教,不能以教师为活动中心,学迁就教。要从学生的培养目标出发,注意学生的需要,充分调动和发挥学生的积极性和主动性。

②贯彻自觉实践原则,以实践掌握外语为主要目标,在理解的基础上进行大量的操练。

③在练习和作业中要加强对学生语言的综合训练,加强对学生思想表达能力的培养。

④教师在课堂上应该尽量多讲外语,为学生创造真实的外语情境,但也不排斥翻译、对比。

"问题不在于走得快,而在于往哪里走。"(列宁)只要我们方向对头,勇于实践,持之以恒,我深信一定会有成果。前景是灿烂的。

(原载《高教探索》1986年,第1期)

俄语教学词典概要

试论教学型词典的特点及其体系

一、教学型词典的编纂和研究是社会发展的客观需要

任何一种类型词典的产生都是一定社会的需要,同时又受制于语言学的发展水平。20世纪初瑞士语言学家索绪尔第一次明确地提出了语言(Langue)和言语(parole)的区分,并且认为对语言和言语的研究"应该分开走","如果必要,这两门学科可以保留语言学这个名称,我们并且可以说有一种言语语言学"。① 20世纪20-40年代苏联语言学家 Л. В. 谢尔巴又提出过根据不同目的对语言结构进行不同描写的想法。但可惜的是,在一个相当长的时期内,语言研究只注意了对语言抽象系统的精细描写,而忽略了对语言使用的研究。没有把对语言系统的研究和使用语言的人联系起来,没有把语言系统放到实际使用语言的环境中去考察。这种偏向在我国直到前几年还受到吕叔湘先生的批评。他说:"打开任何一本讲语言的书来看,都是只看见'工具','人们'没有了。语音啊,语法啊,词汇啊,条分缕析,讲得挺多,

---

① 《普通语言学教程》第42页,商务印书馆,1982年。

可都讲的是这种工具的部件和结构,没有讲人们怎么使唤这种工具。"①

第二次世界大战以后,各族人民之间的联系日益增多和广泛,语言文学在社会生活中的重要作用更加突显出来。随着语言教学的迅速发展,语言理论的可学性受到了挑战,它在指导语言实践上暴露出自己的不足和缺陷。例如,学习者掌握了一个词的意义却并不一定会使用这个词,知道了词的形态特征和造句规则也不等于学会了说话和写作。正是在这种情况下,语言研究才开始把重点逐渐地转向分析和探讨纷繁多样的语言交际事实,言语语言学的作品也才应运而生。与言语语言学产生发展相关联的,在辞书方面便是出现了真正的以指导读者积极地活用词语为目的的教学型词典。

教学型词典是语言词典中专门为教学服务的一种特殊类型的词典,它从语言教学的实际需要出发,着重从发展言语的角度描述词在真实的语言环境中的具体用法。它是学习型的、使用型的、规范型的词典,而不是查考型的、理解型和描写型的词典。教学型词典的出现反映了语文词典研究的新层次和新领域,丰富和发展了传统语文词典的理论。但在我国,教学型词典的编纂和研究尚处于初创阶段,无论在词典的数量或质量上,还是在词典的理论研究方面,都远远不能适应我国蓬勃发展的汉语、外语教学事业的需要。因此,作为辞书工作者,我们有义务、有责任为发展这一类型的词典而加紧努力。

---

① 《语言作为一种社会现象》,《读书》1980 年第 4 期。

二、教学型词典的特点

教学型词典具有许多不同于一般语文词典的特点,举其要者,大致有下述三个方面:

(1) **针对性强**。这首先表现在词典的对象上。一般语文词典都是为该语言社会的广大成员服务的,即列宁所说的"для всех",具有大众性。而教学词典的对象则比较狭窄,主要是教、学某种语言,特别是把该语言作为外语教、学的某一个层次的人。范围越窄,对象就越明晰,比如《俄语常用词词典》①的主要对象是我国高等学校和中学俄语教师及具有俄语基础知识的学生,《少年儿童新字典》的对象是小学三年级到初中二年级的学生。

其次,收词的选择性强,规模不大。一般语文词典所记录描述的多为较大范围的词汇系统,不管编者是否愿意,读者是否需要,语言中绝大部分的词都得收进去。《现代汉语词典》等就收入了"一、二、三、四、大葱、生、姜、桌、椅"等一类词。因为这些词是汉语词汇系统中的基本成分,不收就会破坏汉语词汇体系的统一。至于教学词典,它的任务不是介绍和描写某一语言的词汇系统,而是解决社会某个层次人在语言教学过程中所遇到的部分词语的使用问题,因而收词一般偏窄,义项较少。如《俄语词的搭配教学词典》(П. Н. 杰尼索夫和 В. В. 莫尔科夫金编)只收了最常用的名词(1255 个)、形容词(524 个)和动

---

① 北京外国语学院俄语系《俄语常用词词典》编写组编,商务印书馆,1982 年。

词(727个),没收其他词类的词。《现代汉语八百词》(吕叔湘主编)收词"以虚词为主,实词主要收用法比较复杂或比较特殊的。量词只收了一部分"。"有少数条目(如:有点儿,差点儿,来不及)可能还不能算是单词,因为用法值得注意,也收来了"。(见该书第1页"凡例")

统计语言学资料表明,一种语言中常用词的数量一般为3000 – 5000个,许多著作等身的语言巨匠,一生用词也不过3万左右。而且其中有一半以上是低频词。列宁的全部作品共用词37500多个,其中低频词(用过1 – 5次)就有20775个,占总词数的55.4%。而在这些低频词中只用过一次的有11762个,用过两次的有4230个,合起来占总词数的42.6%。其他语言大师的情况也大致如此,普希金词典中有62%的词一生中只用过1 – 2次。又据《俄语频率词典》统计,一个人如能掌握频率10次以上的9044个词,便可读懂105万个词写成的俄文书刊的92.4%的内容(注意,这里只说"读懂"而非活用)。由此看来以活用语言为目的的俄语教学词典,收词量应在5000左右,词目不宜过宽。

(2)**突出使用**。词典编写的中心问题,是敏锐地预计词典使用者的需要。外语教学的首要目的在于实践地掌握语言,因此,突出语言的交际职能,广泛细致地展示词的各种使用条件和环境就成为教学型词典的主要特色。

句子是语言交际的最小单位,它是词汇和句法相结合的产物。要指导读者学会使用词,教学型词典就必需把词放在具体的语境中作为句子的一个成分,而不能当作一个抽象的实体孤立地进行描述;在词条结构中增加有关条目词的句法知识(不是一般的句法知识),指出该词在句子中与其他词结合的能力、范围、方式和特点。提供该词在一定情景下常用的句型和句式。按照正确方式把词组织起来的知识同掌握词的意义知识同样重要。词的组合方式在很多情况下是无法用词义来解释的。例如,牛奶的颜色虽然是白色的,但英语却不能说 white milk. 汉语中"按"和"按照"、"根"和"根据",词义完全相同,但搭配要求各异:前者一般用于单音节词前,后者则用于双音节词前。可以说"按期完成"或"按照期限完成",但却不能说"按照期完成"或"按期限完成"(引自《现代汉语八百词》)。所以,著名语言学家赵元任先生劝导学习外语的人,"学词汇的时候儿你得在句子里头学词的用法。记的时候儿啊,你得记短语、记句,这样子意义才靠得住。"①《现代汉语八百词》的"每一个词都按意义和用法分项详加说明",是不无道理的。

教学型词典极其重视语言的体系性,重视语言系统成分之间的相互联系和相互影响,它力求通过注释能够描绘出一个词在语言系统坐标上的位置。上述对词的组合关系的说明是其横的方面。在纵的方面,则要求从聚合关系去辨析同义词、近义词、同根词、形似词以及同义的结构形式、句式等一切在意义和形式上与之有关的词语和结构,从而划出它们的明确义界、文体特点、修辞色彩和使用环境。否则,我们就不可能掌握一个词的意义和用法,词典也不可能成为挑选合适词的可靠指南。如果我们只知道俄语中有 из 这一个表示原因的前置词,而不知道俄语中还有 от、по、из-за、вследствие、благодаря 等其他一些表示原因的前置词,也不了解它们之间的区别,那么我们就不能

---

① 《语言问题》第159页,着重号为引者所加。

说,我们对 из 的认识和使用会是正确的。

在双语教学型词典的注释中,加强外语和本族语的对比,也是突出使用的一个方面。外语—本族语对比是教、学那种外语的一个重要方法。外语中允许使用的语言事实而本族语没有或不允许使用的,那正是外语的特征,正是值得叙述的地方。反之亦然。例如动词连用是汉语中常见的一种结构格式,但在俄语中,有些动词允许动词连用,如 помочь развивать(帮助发展),而有些动词则不允这样连用,如"借钱买家具",要说 занять деньги на мебель,不能用 занять деньги купить мебель,因此在俄汉教学词典的动词注释中,这就应该成为叙述的重点之一。

通过对比,可以更深刻地领会外语,同时也加深了对本族语的认识;通过对比,可以找出本族语和外语之间的对应关系,有利于排除本族语的干扰,促进语言转换的正迁移。英语表示复数的后缀 - s 加在表人的名词之后,相当于汉语的"们"(friends—朋友们),但英语可以说 three friends, most friends, all friends,而汉语却不能说"三个朋友们、大部分朋友们、所有的朋友们"。由此深究,就可以看到"- s"和"们"的实质差别:英语 - s 表示的是笼统的"不止一个"的数的概念,因此可以追加数词,进一步明确其量的多寡;而汉语"们"表示的是"群体"概念,因此名词前有了数词,就再不能用"们"。教学型词典对此作出明确解释,自然会增强使用者的语言应用的自觉性。

突出使用的表现之三,是教学型词典的例句短小精悍、朗朗上口、形式多样、结合实际、生动活泼、富于生活气息和时代气息。例句长就难免节外生枝,增加语言难度,分散注意力。例句以经典的文学名著为主,就容易脱离当代的语言和生活,显得陈腐古板、枯燥乏味、没有生气。教学型词典的例句和释义在内容上是相互补充的,在结构上是两个平等的组成部分。例句不只是释文的辅助资料,起一个词证的作用,而且要为发展读者的言语服务,是读者学习说写的范例。例句短,容易上口,便于模仿和记忆。例句反映现实生活(尤其是学校生活),内容新鲜,就能激发读者的兴趣,学到就能用。例句丰富、形式多样,则可以丰富读者的表现手法,提高表达能力。

突出使用的表现之四,是教学型词典的释文简明扼要,通俗易懂。扼要就必需洞见症结,一语破的。释文的语言应该显豁明快,用词难度适当,根据需要,尽量采用插图、表解等直观简明的手段。

(3)**综合性**。理解型词典侧重于语言知识分析,使用型词典则侧重于语言知识的综合。没有综合的知识和能力,就谈不到语言的使用。在教学型词典中不仅融汇有关条目词的语音、书写、语义、词法、句法、语体、修辞等知识,而且还囊括了语言国情学和语用学等方面的知识。句子不只是一种单纯的语言结构,它还涉及到与交际有关的许多非语言因素。要想在语言交际中取得应有的效果,只具备语言结构系统的知识是不够的。一句话可能完全符合语音、词汇、语法的规范,但由于不了解使用的言语环境和不知道该语言社团的社会文化背景而造成话与愿违的事例是时有发生的。товарищ 是俄语中一个极其普通的名词,一般学生都没有感到它有什么难以掌握的地方,但要把这个词用得恰当,合乎俄罗斯人的习惯,也不是人人都作得到的。比如它一般不用于称呼妇女,不和表示妇女职业称谓的阴性名词连用,不用于称呼 профессор、доктор、сестра,不用于称谓已故的人。对从事服务行业的妇女,一般称呼 девушка;学生对教师一般称"名字+父称",只有在军事院校或对不认识的教师,才称 товарищ преподаватель。忽略这些民俗因素,就会导致误解。因此,教学型词典词目注释的内容比较丰富,提供的信息量大,条目结构的栏目多,除译文、注释外,还有搭配、比较(或辨异)、注意(或病句)、例句等。"注意"现在已经成为词典词条中被广泛采用的一个项目,它主要指出本族人或外国人在使用该词时常见的典型错误。这种错误比较"隐蔽",往往不为人们所注意,且以讹传讹,污染语言。要发现它,需要有较高的语言修养和丰富的教学经验,纠正它,则有益于维护语言的规范。例如"идти"кому,к чему(对…合适,与…相称)在当今苏联人的口语和某些文艺作品中常把 быть к лицу 和 идёт кому 两个句式错合成不规范的 идёт кому к лицу. 俄语教学词典(А－О)[①]不幸就收有这样的例句"… белый цвет лучше идёт тебе к лицу …(白颜色对你更合适。)"

其次,教学型词典在突出使用原则下博采了详解、翻译、难解、同义词、类义、搭配、例解等词典的许多长处,它吸收了详解词典释义准确的优点,但同时又为读者提供尽可能完善的译文。它吸收了搭配、例解词典搭配、例句丰富的优点,但同时又重视对词的意义和形式的细致的描写。它重视同义词词典通过对比,同中求异,揭示词义的优点,但又把辨异的范围扩大到近义词、形似词和同义的结构形式等方面。它对词的描述既是从形式到意义,说明每个形式的意义和用法,同时也注意到从意义到形式对积极活用语言的作用。每个义项中都有为表达一定意义所需要的多种形式。搭配和例句既是为了深化释义,也为学习说写提供材料。

---

① 四川人民出版社出版,1982年,第779页第6例。

教学型词典的三个特点是互相关联的，没有针对性，突出使用就失去依据和意义。如果收词不顾读者需要，释义不管读者水平，无的放矢，隔靴搔痒，指导使用岂不成为一句空话。而要突出使用，就必需侧重语言知识的综合。所以，突出使用才是教学型词典最主要的特点。

三、建立我国的教学词典体系

众所周知，任何一部词典，不论它的篇幅多大，都不可能把一种语言的词汇完全充分地描写出来，也不可能同时满足语言社团所有人的需要。"企图编写一部既能满足一个中学生的要求，又能满足一位精通业务的专家的要求词典是办不到的。出路在于词典体系，在于不同的读者应有不同的词典。"（A. C. 米歇利亚科夫）

建立我国的教学词典体系，可以从几个方面考虑：

（1）根据词典语种，编纂单语的和双语的教学型词典。在单语中首先应该尽快编好汉语教学型词典。它对促进国际交往，加强我国各民族之间的联系，扩大和巩固汉语在当今世界中的阵地具有不可忽视的重要作用。尤其在目前，我国从事对外汉语教学的人多是新手，知识和经验都还欠缺，这样一部词典对他们来说犹如雪中送炭，是十分宝贵的。在双语方面首先应该编齐汉语和世界几个大语种，以及和我国毗邻或关系比较密切国家的语言词典，如英汉、俄汉、法汉、德汉、西汉、日汉、朝汉教学词典等。条件成熟，也可进而编写汉英、汉俄、汉法、汉西、汉日等教学词典，以及汉语和我国几个主要少数民族语言的教学词典。

(2)根据词典的对象编纂不同的教学型词典。可分为：①按读者类别和专业划分，可有供汉族人使用的和供非汉族人使用的汉语教学型词典，外语院系师生用的和公共外语师生用的外语教学型词典。②在同类别、同专业的教学词典中还可按不同层次划分，如小学生教学词典，中学生教学词典、大学生教学词典等。

(3)根据描述内容，可以编纂词汇教学词典、语法教学词典、修辞教学词典或综合性的教学词典等；编纂同义词、近义词教学词典，词的搭配教学词典，语言国情学词典等。

这些分类只是一个轮廓的设想，是否合乎实际还需进一步探讨，但教学型词典体系必须建立却是毋庸置疑的。至于教学型词典的理论研究，尚属初创，许多问题都还没有定论，就连"教学词典"的定义这样最基本的问题也尚在争论之中。不过依笔者之见，理论总是来自实践，有了大量的实践，只要善于总结，符合实际的理论总是会产生出来的。所以，当前首先需要的还是积极地开展对各种教学型词典的编纂，并在实践中注意理论的探索。

（原载《辞书研究》1988 年第 5 期。）

俄语教学词典编纂中的几个问题

随着外语教学事业的深入发展,"教学词典"(учебный словарь)的编纂愈来愈显得是一种现实需要,但这对我们来说则还是新的工作。这里把我们在俄语教学词典编纂过程中对几个问题的的处理和认识介绍出来,就教于同志们,并希望通过对这些问题的说明能描绘出教学词典有别于其他语文词典的一些特点来。

俄语教学词典的任务主要是解决教师和学生在理解和运用,特别是活用俄语常用词中碰到的困难,为俄语词汇教学提供一定的资料。之所以强调"活用"二字,是因为一般语文词典主要解决的是识字或对词义的理解问题,讲的是"что сказать",而教学词典除此之外,还要解决"как сказать",即不但要解决词义所指的问题,而且要解决词的活用问题。

一、教学词典的选词标准

词典的选词标准是依据词典的对象和任务而定的。作为教学词典,我们在选词时采取了以下几个标准。

(1) **词的使用价值**。词在语言使用过程中的价值是不等的,有些词对使用该语言的所有人都是重要的,有些词则只对一部分人重要;有些词适用于交际过程中的所有场合,有些词则只适用于部分场合。拿这个标准衡量,基本词汇的词就比一般词汇的词更为重要。基本词汇是语言词汇中最重要的一部分,基本词汇的词表示的的都是人们生活中最常用的、必不可少的事物的概念,同一社会里不分职业、不分阶层、不分文化程度,全体人民都要用它。而且基本词汇生命长,是产生新词新义的基础。选收这些词,对学习该语言的任何人、任何专业都是十分必要和有益的。清华大学外语组对物理、力学、金属工学三种书中的专业词汇的统计和分析表明,"大约有40%的专业单词是人民生活中常用的词,又有40%左右的专业词汇是基本词汇词义的转义、基本词汇的派生词以及由基本词汇构成的。"可见,"无论在工程技术书籍中或在文学艺术、政治经济的书籍中,基本词汇都是主要的,共同的。"(见清华大学外语研组编《俄语最低限度词汇》序言)

从词类来说,实词比虚词重要,用虚词甚至造不出最简单的句子。从词义讲,多义词比单义词更有价值,基本词义、词的直义比派生词义、词的转义更有价值。从修辞方面讲,中性词比带有修辞色彩的词更有价值。因此,选词一般应该首先选基本词汇的词,选实词,选多义词,选没有修辞色彩的词。

(2) **词的使用频率**。词在语言中常用的程度也不一样。普希金全部作品共用了21200个不同的词,重复出现一百次以上的只720个,6440个词只出现过一次。这720个词中动词占36%,名词占27%,形容词占11%,其他词类合在一起才只占26%(其中三分之一是副词)(见《Русский язык в национальной школе》1960年,第3期)美国斯拉夫语学者 H. H. Josselson 用电子计算机统计了 67 部俄国文学作品和 1892—1949 年出版的许多报刊使用过的词数,结果表明在整个词类中变格的词类使用次数最多,占 51.9%,动词占 31.2%,不变化词类占 16.9%。在变格的词类中各词类常用的顺序是:名、形、数、代(见"用电子计算机计算单词、语法范畴及语法形式的使用次数(动态)",《俄语教学与研究》1958 年,第 3 期)。

  这些统计虽然并不完全科学和准确,但我们从中可以作出一个一般的结论,即实词比虚词常用,名词、动词、形容词比副词、数词、代词常用。当然,具体到一个同族词群来说,情况并不永远如此。有的副词比形容词常用,如 буквально(49)—буквальный(8)[①],有的形容词比动词常用,如 вредный(48)—вредить(2);有的名词比动词常用,如 аплодисменты(195)—аплодировать(23);有的词转义比直义常用,如 атмосфера 表示"气氛"的意义比"大气"意义常用。因此,在选词时我们还要考虑每个具体词和词义的使用频率。一般说来,词的使用频率越高越重要。为了确定词的频率,我们必须对俄语词汇常用的使用情况进行周密细致的调查统计。多年养成的外语感是可贵的,但光凭语感是很不可靠的。苏联 1977 年出版的《俄语频率词典》,虽有很多缺点,但在目前仍不失为我们确定词的频率的依据之一。

  (3)**词的典型性**。这指的是词的结构和词缀意义相同的同根词或词义相近、搭配范围和用法相同的词等。像同根的及物动词和只表示一般的被动、反身意义的带 - ся 动词(встречать - встречаться),构词方式、词缀意义相同的词(белеть - белеться),同一语义群中搭配、用

[①] 括号里的数字是苏联 1977 年出版的《俄语频率词典》的统计数,下同。

法相同的词(завтракать – обедать – ужинать)、接格关系、搭配范围相同的反义词(присутствовать – отсутствовать),意义和搭配范围相同的动名词和动词(читать – чтение),等等,都可以只选一两个最有代表性的词作为词条收入词典。

　　根据典型性原则,我们还考虑把一些积极能产的动词前缀作为独立词条列入词典。因为俄语很多动词都是由不同的前缀构成的,而每个前缀派生的动词,词典又不可能全收;如果收了前缀,把前缀意义讲深透,读者就不难理解和掌握新的带有相同前缀的动词。

　　(4)**教学需要**。作为教学词典,选词时不能不考虑教学过程的需要。有些词使用价值虽高,而且常用,但学生理解、使用并不困难,教师因而也不需要讲解的词,不收,如 я、три、вместе 及表示"星期"、"月份"、"四方"名称的词等。相反,有些词并不十分常用,但一般教材中都出现而又有难点的词,要收。"难点"指的是:对词所指的事物不明(如 котёл 很多人理解为中国人家中使用的铁锅)、词的概念不易确定(如 доступ, орентироваться)、和别的词混淆难以辨析(如 Арена,сцена)、词的搭配范围不清、表达习惯难以掌握(如 Активо)以及接格关系复杂(如 годиться на что)和中国学生容易错的词等。

　　此外,词的构词能力、规范程度等也是选词的标准。这些标准是互相制约和互为补充的。词的使用价值和词的使用频率,一般说来是一致的。使用价值高的词,通常也比较常用,而且由于多义、搭配面广,掌握起来也比较困难,一些生僻、不常用的词,多是单义,语义范围有限,掌握起来有时反倒容易一些。但是使用频率高而交际价值不那么重要的词,也是有的,如 Ах(212)、английский(208)的使用频率比билег(59)、внимательный(23)高,使用价值则不如后者。相反,有的词表示的概念很重要,但却不很常用,如 выключатель。从教学需要看,如前所述,使用价值不算很高,也不十分常用,而教学有困难者,还是要收。然而教学困难又必须放在使用价值和使用频率这两个标准的前提下来考虑,撇开词的使用价值和使用频率只根据词的难易程度来决定其取舍,显然是错误的。比如语气词常用,也有难点,但在交际过程中缺少它并不妨碍人们基本思想的交流,就可以不收。所以,在确定一个词的取舍时,必须同时从几个标准去衡量,把其中任何一个标准绝对化,都会导致谬误。

二、教学词典的释文

教学词典的释文结构包括译文、注释、词组、例句、同义词或近义词辨异和注意六个大项,"注意"一项着重写中国读者在使用该词时容易犯的错误。注释是对词的意义、语音、语法、修辞、搭配能力和范围等几个方面的说明。词条注释是教学词典的中心部分,在很大程度上决定着词典的质量。这里我们想通过与俄语详解词典和俄汉翻译词典的对比谈谈教学词典在揭示词义、词的搭配能力和范围这两个方面的特点。

(1)**揭示词义**。一切自觉活动都是从理解开始的,没有对词义的正确理解就不可能正确地运用词,因此准确地揭示出外语词的真实含义是词条注释的首要任务。为了作到这一点,我们摒弃了俄汉翻译词典以译义为主的弊病,而采取释义为主,释义+译文的办法。

语言是民族的语言,不同语言的词汇各有其自己的体系和特点。在不同的语言里,完全对等的词是很少的,这多为科技术语;完全不等的词也是少数,这主要是表示本民族生活习惯的词(如俄语的"квас",汉语的"汤圆");绝大多数的词则是同中存异,异中有同,大同小异或小同大异,而它们正是教学词典释义的重点。有的一个俄语词词义的外延可以等于汉语两个或多个词,如 бабочка = 蝴蝶 + 蛾子, зависть = 羡慕 + 嫉妒,"壳" = скорлупа(яйца) + шелуха(злаков) + гильза(патрона) + корпус(термоса) + раковина(улитки)。有的汉语词只等于一个俄语词词义的一部分,而在这部分相同的词义中仍然存有差异,反之亦然。比如汉语的"衣服"只和俄语"одежда"的部分词义相当。одежда 在俄语中不仅表示"衣服",还有"服装、衣着"的意思,包括鞋、袜、帽在内。而在"衣服"这个相同的部分意义上,汉俄语仍有不同:"одежда"指的是衣服的总称,汉语的"衣服"则既可用于总称,也可用于个体,指某一件衣服。

只给词条译文,常常使读者捉摸不透词的真实含义,如 выдаться,《俄汉大辞典》(刘泽荣主编,1962年,商务印书馆出版)译为"出现,发生,遇到"。在汉语中"出现,发生"的词义范围和搭配面是很广的,"人、坦克、乌云、笑容"都可"出现","地震、冲突、暴动"都可"发生",而 выдаться 到底指的是什么事物的出现,哪类现象的发生?上述事物、现象的出现、发生是否都能用 выдаться 表示?全是一笔糊涂账。实际上 выдаться 在俄语中主要表示在相同的时间单位,如年、四季、月、日等出现了某种不同往常的气候现象或其他特征。比如平时中午不太热,而某一天中午突然很热,我们就可以说:Полдень выдался на редкость знойный(是一个少有的炎热的中午)。《俄汉大辞典》译"лук"为"葱,洋葱"。实际上由于民族习惯不同,俄国人通常指的是洋葱,而中国人则通常理解为大葱。洋葱是俄国人的主要蔬菜之一,至于中国人吃的大葱,俄国人也叫 лук,但不常吃。词典不作这个说明,读者就可能把"бифштекс с луком"理解为"大葱煎牛排"。像这样词义错综复杂的情况,是大量的。译义只能给读者一个十分模糊、似是而非的外语词的概念,帮助他们揣测词在上下文中的意思,甚至在揣测得最好的情况下,也可能会引起不精确的理解。何况俄语中有些词的词义是根本无法通过译文解决的,如 принять 与动名词连用,其词义就等于该名词词义所表示的行为,译文要依据名词的词义确定:принять участие(参加),принять присягу(宣誓),принять намерение(拿定主意)。《俄汉大辞典》中有不少词的译文实际上就是词义的解释。所以,有经验的教师总是劝自己的学生尽早地转而使用原文详解词典。

那么,教学词典完全照译俄语详解词典的词义解释行不行呢?实践证明,在很多情况下只照译原文词义而不同汉语相应的词进行对比,也不能使中国读者准确地掌握词义。"вечер"俄语词典的解释是"为某一政治、社会、文学等问题或为纪念某人某事而举行的公众集会,娱乐晚会等",相当于汉语中的"晚会"。但它没有说明这各种 вечер 可不可以在下午举行,可不可以不演节目。因为这对俄国人说来是不言自明的。然而由于汉语的晚会只能在晚上举行,一般都有文艺节目,所以如果不附加说明,中国读者就不能正确地理解和使用这个词。通过汉俄语对比对词义进行解释应该是教学词典揭示词义的主要手段;必要时,也可采取直观画图的方法。读者有了对词义的正确理解,即使词典不给译文或提供的译文不够、不确切,他们也可以根据一定的上下文选择他们所需要的词。当然,这样绝不是否定译文的作用。事实上,不是所有的人在懂得了词的含义之后都能找到恰当的译文。教学词典在释义的同时,能够提出一个词在不同的上下文中适用的一些标准的译文,仍然是十分必要的。如果"找不到正确的翻译,那么就列举几条近似的译文",如果找不到合适的翻译,"就把这个意义标记为不可译的,同时在括号里加以说明,或者是提供部分的译文","如果所找到的译文不适用于所有的情况,那么我们就挑选经常适用的……如果找不到一般适用的译文,那么我们就举出几种译文"。(见 Л. B. 谢尔巴《俄法词典》第二版序言,《语言学译丛》1959 年,第 3 期)

(2)词的搭配能力和范围。正确理解词义是活用词的基础,但理解了词义并不等于会使用一个词。要能够活用一个词,把它和其他词联结成句,表达思想,还必需知道词的搭配能力和范围,即一个词同另一个词在意义上和语法上结合的可能性和范围大小。如 военный 作 "军人的"讲时与 воинский 同义,可以说 военная(воинская)служба, военная(воинская)доблесть, военная(воинская)присяга, военный (воинский)долг,但却只能说 воинский дух, воинское звание, воинский устав, воинское мастерство, воинские традидии, воинская честь;反之又只能说 военная выправка。有些词的搭配面极窄,只和一两个词连用,如 удить 只和 рыба 连用, щурить 只和 глаза、очи 连用。

词和词的搭配有它自身的规律性,是在该语言的长期发展过程中逐渐形成的,具有鲜明的民族性。不同语言中的词在搭配方面的差异更大,表示相同概念的词在甲语言中可以和某些词搭配,但在乙语言中常常却不能搭配,或者可以搭配,但意思不同。例如汉语"红色的"和俄语"красный"都有"进步、革命的"意思,汉语"红色的"可以和

"专家、政权"等名词连用,俄语也可以说"красный специалист, красная власть",但汉语可以说"红色小说","一颗红心"俄语却不能说"красный роман"。"красное сердце"虽可搭配,但不表示进步,而是指红颜色的心。因此在两种语言互译时,为了适应搭配习惯,常常不是词与词相对应,而是词组和词组、短语和短语,甚至句子之间相对应。逐词翻译不仅使语言生涩,而且有时简直使译文失去任何意义。如果把俄语"считать петлю"译为"数线圈",把汉语"锻炼身体"译为"закалять тело",就会使人不知所云。

从语法讲,词的搭配能力的限制更为明显和严格。以俄语动词为例:同一个动词的不同意义要求不同格的形式,如 принадлежать 表示"属于…所有,是…的财产"时,要求 кому－чему(Недры земли принадлежат государству),表示"是…的成员,属于…范畴的人"时,要求 к кому－чему(Мадам Шталь приналлежала к высшему обществу)。而同一个意义也可能用几种不同格的形式,这些不同形式大都只和某一类名词搭配,或者表示不同的细微含义,如 узнать от кого 表示"从某人处得知",只指出消息来源而不涉及获取消息的方式是偶然的,还是有意打听的;而 узнать у кого 则表示特意向某人打听。同一个动词和表示同类的概念的名词连用,却要求不同的前置词,如 Поступить на завод,但 в университет。或者相反,连用的名词虽不同类,但用的前置词却相同,如 готовиться к отъезду(动名词)готовиться к празднику(事物名词)。即使同一个动词的不同体的形式,搭配能力也可能不同,如 забыть,удаться 等动词后不定式的用法:未完成体后的动词不定式,可以用未完成体(забывать закрывать окно),也可以用完成体(забывать закрыть окно),而完成体后的动词不定式则多用完成体(забыть закрыть окно)。动词 добиться 只能通过连接词 чтобы 和从句发生关系,但与之同义的动词 достичь 却只能通过 что 和从句发生关系。其他词类亦然,如副词 всегда 主要和未完成体动词连用,而 навсегда 则主要和完成体动词连用。

可见,要能够运用一个词,了解词义虽然是十分重要的,但远远是不够的,还必须知道一个词的搭配能力和使用范围。一般语文词典,无论是俄语详解词典还是俄汉翻译词典,在这方面都只有少数举例性的词组,而缺少理论上概括性的说明。这也是教学词典的一个显著特征。

三、关于词组和例句

教学词典的最终目的的是帮助读者活用词,因此为每个词提供丰富的词组和例句就成为它义不容辞的责任。丰富的词组和例句可以反映出一个词用法的各个方面。词义的任何概括不可能表达出词的全部意义和意味,不可能充分地反映出词在社会成员的交际过程中所起的全部作用。词的真正生命不是在词典里,而在活的语言中。在活的语言中词的内容是十分丰富的,上下文越广,词义越具体;上下文越窄,词义越笼统。"没有例句的词典好比一具骸骨",无血无肉,干瘪乏味。大量的词组,尤其是例句,能够扩大和加深读者对词义的理解。

其次,词组和例句可以印证和补充对词所作的注释。如果词组选得典型,例句选择得当,即使注释简单一些,不很全面或不十分确切,读者从大量的词组和例句中,还是可以得到一些间接的暗示,悟出一个词的意义和用法来。例如 молодец 和 врать 词条中的下列例句:

①Редко мне случалось видеть такого молодца. Он был высокого роста, плечист и сложен на славу. ②Врал для смеха, никогда не лгал для лжи. 读者从例句的上下文中就可知道 молодец 主要指"体态端正、结实、外貌威武的年轻人"，而 врать 则是指"善意的说慌"。反之，如果没有好的词组和例句，注释部分即使花了很大气力，说了很多话，也不容易使读者完全领悟。

其三，词组和例句是活用词的模仿范例，有利于实践掌握外语。词作为一个语言单位是从大量的具体事物和现象中抽象出来的，任何一个词都是在概括。但是，要把语言作为一个工具用来交流思想，就需要把这个过程颠倒过来，从抽象到具体。比如 школа 这个词是从许许多多规模不同、性质一样而又互有差别的学校中概括出来的一个名词，泛指所有的中、小学等。但我们在和别人的日常交谈中很少使用这个概括的名称，通常总是谈某一个具体的学校，如实验小学或红岩中学，高中或者初中，全日制学校或半日制学校；或者谈某个学校的具体情况，如学校大还是小，开学了还是放假了，等等。这样，如果我们只知道 школа 这个词，而不知道和它经常连用的其他一些词以及它和其他词搭配的规律，我们就无法进行对话；学了它，实际用处也不大。所以，丰富的词组和例句对于开展会话、发展言语是十分重要的。"天下文章一大套，就看你会套不会套"，记住了大量典型的词组和例句，我们"套"起来就方便多了。

最后，词组和例句可以解决教师上课资料不足的困难。好的例句并不是随时都能找到的，也不是任何一个例句都能拿上课堂的。苏联科学院编的《现代俄罗斯文学语言词典》中的例句大部来自语言大师的名著，不能说不好，但或者由于生词太多，句子过长，深奥难懂，或者由于思想内容与时代精神不合,能直接搬上黑板的很少。一部词典例句选得好,即使其他方面有些缺陷,对教师也是很有帮助的。

我们教学词典的词组和例句都是从书籍、报刊中挑选出来的,是有根据的。每一个词义所收的词组数量一般为 30 个左右,多至 80 多个,例句一般 10 个左右,多至 30 多个。在注意数量的同时,我们更加强调质量,要求词组和例句典型、常用、简明易懂,容易上口,思想健康,能显示出词在语义和语法上的各种可能性,能起到说明词义,区别同义词和近义词的作用,能指出词的使用场合和特点。我们采用的例句有些是原文中现成的句子,而大多数则是利用著作中句子加以改装而成的。这样容易做到有的放矢,免得节外生枝,分散读者的注意力。

四、结束语

综上所述,俄语教学辞典和俄汉翻译词典、俄语详解词典有所同,也有所异。我们的目标就是要根据自己的对象和任务,作到不迷其所同,不失其所异,尽量创造出自己的特点来。

俄语教学词典编纂的主要原则是:实践掌握外语的原则、科学性原则、教学需要的原则和依靠本族的原则。实践掌握外语和教学需要则是教学词典处理一切问题的基本出发点。选词时,教学词典不追求全面反映语言的词汇体系,而是在考虑词的使用价值、使用频率和词的典型性的前提下,根据教学需要加以取舍。对词义的注释,教学词典不同于俄语详解词典,而是遵循依靠本族语的原则,从中国读者的实际出发,极力从汉语的语言思维角度来研究俄语,对比汉俄语的差异,作出词义解释;它也不同于俄汉翻译词典,而是采取以释义为主的方法,全面揭示俄语词的意义及其民族特色,并尽量辅之以规范的译文;同时指出每个词的搭配能力和习用范围,详细说明词的语法特点和修辞的特点。教学辞典要提供比一般语文词典丰富得多的词组和例句,而且词组、例句典型、实用、通俗上口。如果说对词条的注释是教学词典的理论部分,那么词组和例句便是它的实践部分。这两部分要互相协调,是互为补充的。

我们试图尽力作到使读者不但知其然,而且知其所以然,不但能正确理解词义,而且能够活用词,不但知道"兵器"的名称,而且能熟悉"兵器"的用法。我们尽力避免把词典编成象有的语言学家批评的那样,词典"好像是墙上挂满了无数新旧兵器的武库,一走进里面,乍看起来好像是无尽的宝藏,可是一到要装备时,简直就不知道拿什么,怎么拿才好。"

(原载《辞书研究》1980 年第 1 期,收入本书时作者作了个别修正)

俄语教学词典的特点、规模和释义

一、词典的特点

（1）**教学词典的特点**。教学词典特点的本质是"教学"二字。不过这里所谓的教学，并不是一般意义上的释疑解惑、教人识字。如果是那样的话，那么语文词典可以说都带有教学的性质。古代辞书的产生多是为了"说文解字"的需要，但我们不能认为它们就是教学词典。教学词典用的是"教学"这个词的术语意义，指"教师把思想、知识和技能传授给学生的过程"（见《新华词典》第419页）。因此，就词典的对象而言，教学词典应该是以教师或学生为对象的词典，比如国外出版的许多教学词典就是把学习外语的学生作为对象的。当然，以教师或学生为对象的词典并不都是教学词典，但是所有的教学词典却都必须以教师或学生为对象。

教学词典必须服从于一定的教学目的，为特定的教学任务服务。它应该尽可能地满足教学过程中的多种需要和要求，要考虑教学的具体性质和内容，词典对象在教学过程中的地位，掌握语言的程度、一般的文化知识水平、年龄心理特点和教、学方法等等。比如教师和学生，大学生和中学生，各有各的情况；专业外语教学和科技外语教学，各有各的教学目的，为他们编写词典就不能一刀切，一个样。词典的对象和目的决定着词典的性质，而性质上的差异正是构成各类词典不同特色的最根本的特征。它决定着一部词典的基本面貌：词典的规模、收词的范围和标准、词条的结构、注释的详略、例证的选择等。离开了教师和学生这两个对象，离开了一定的教学任务，一部词典即使有"供人学习之用"，恐怕也不能称之为教学词典。我国已经出版的某些词典，虽然也有以学生为对象的，但由于没有和具体的教学要求联系起来，目的过于笼统，因而在编纂上和一般语文词典相比，特色较少。

(2) **俄语教学词典的特点**。俄语教学词典是为俄语词汇教学服务的教学工具书。它的主要对象是我国高等外语院校俄语专业的教师（其他院校的公共俄语和中学俄语教师、大学俄语专业的高年级学生以及其他从事俄语语言研究和翻译的人员当然也可以使用）。它的任务主要是解决教师在俄语词汇教学中的困难和需要。

俄语教学词典和词汇教学有着最密切的联系，这种联系首先表现在它们目的的一致性上。词汇教学的目的一般有两种：理解和运用。领会式掌握和复用式掌握。领会式掌握主要要求能理解词义，知道词的语法形式，读懂书刊，听懂讲话，如理工科院校的公共外语课大都是这个目的。复用式掌握则要求不仅能理解词义，知道词的语法形式，读懂听懂，而且要能把所学的东西用之于交际活动，自己会说会写，这正是我国高等外语院校俄语词汇教学的目的所在。理解和运用互有联系，互为影响，不能截然分开，但毕竟各有侧重。俄语教学词典直接反映词汇教学的目的，把积极掌握语言，活用词汇作为编写词典的主要目标，而把正确诠释词义只看作是活用词的基础和条件。

活用词的目的性决定了俄语教学词典提供语言信息的深度和广度。活用在外语学习过程中是一个质的飞跃。仅就对词的知识而言，活用比理解的要求程度要高，范围也更为广泛。普通双语词典以帮助读者理解外语为主要任务，因而更多地是把词作为一个孤立的语言单位进行描写，提供的例证也是以说明词义为主。俄语教学词典则强调从词和词的各种联系中去说明词义和词的用法。它对词的描写不仅着眼于词的语言特征，而且更重视在言语运用中的特点。它把语言和言语看作是一个辩证的统一整体，但偏重言语。俄语教学词典的词条结构由六个项目组成：译文、注释、词组、例句、辨异和注意，提供的信息有些和普通双语词典相同，但比后者详尽、深刻，如对词义的解释、翻译和对词的形态、修辞的说明等；有些信息则是普通双语词典所没有的，如有关词的文化背景，同义词、近义词辨异，词的词汇、语义、语法搭配规律，俄汉词义对比，常见的误例剖析等；另外还有大量可供模仿练习的词组和例句。语言知识有助于教师讲清词义及其用法，丰富的实践材料则便于教师进行课堂操练，发展学生的言语熟巧。

当然，详尽并不等于繁杂，详尽也不等于没有重点，标准就是教师的教学需要。有些教师一般已经掌握了的语言信息，如词的词类类别、正常的词形变化等，俄语教学词典都从略不写。

在编纂方法上，俄语教学词典强调并坚持俄汉对比，从选词到写词的全过程始终要求从中国人学习俄语的难点出发去进行工作。这是因为词典的对象是把俄语作为第二语言进行教学的成年中国人，他们不同于把俄语作为母语教学的俄国人。俄国人常常混淆的一些语言现象（如把 играть роль 起作用），иметь значение（有意义）说成 играть значение，иметь роль 等）不一定就是中国人学习俄语的难点，俄国人认为容易掌握的语言现象也可能恰恰是中国人学习俄语的拦路虎。从某种意义上说，中国人对俄语的民族特点比俄国人更为敏感。认真研究中国人学习俄语的难点，在词典编纂中就能更好地做到有的放矢，重点突出；分析对比两种语言事实，找出它们之间的对应和分歧，则有助于读者进行两种语言的正确转换，排除汉语对俄语的干扰。

总起来说，俄语教学词典的特点是：活用词汇的目的性，注释的广泛和深刻，例证的丰富和实用。有人把它称为"独特的简明教学百科全书"（своеобразная краткая учебная энциклопедия）不是没有道理的。词典中任何一个稍微复杂的词，如果写得好的话，都应该是一篇科学专著的缩写或提纲。词典如果编得成功，可以起到四个作用，即教学作用、系统化的作用、参考作用和规范作用。

二、词典的规模

词典的规模主要表现在收词的数量。由于对教学词典的性质、对象和任务等基本问题的看法存在分歧，所以在词典规模的设想上出现差别就是很自然的事了。苏联在教学词典问题的讨论中，Р. М. Бакая 提出教学词典的收词应为 2800 个，Д. Э. Розенталь 提出 9000–12000 个，П. Н. Денисов 认为最适宜的数量是 50000 个，差别之悬殊，令人吃惊。原因正出在对词典的性质、对象和任务的不同看法上：Бакая 提出 2800 个词，指的是专业性的教学词典，主要解决高等学校学生阅读科技文献的问题，Розенталь 提出 9000–12000 个词，指的是综合性教学词典，其任务主要是帮助学生掌握日常生活、社会政治、科普和文艺题材的常用词汇,包括领会式掌握和复用式掌握;Денисов 提出 50000 个词,指的是详解教学词典,它恐怕只可能是领会式掌握的一类词典。[①] 但这种词典和一般语文详解词典又有什么区别呢? 有人对此提出质疑,并感到教学词典的界限在这种情况下显得模糊起来。

俄语教学词典以复用式掌握词汇为目标,以高等学校的俄语教师为对象,在收词的范围和标准上是十分严格的。它主要选收交际活动中最常用、使用频率最高而又有一定难点的基本词和少量教学中经常遇到的有难点的非基本词(选词的具体标准请看前文"俄语教学词典编纂中的几个问题")。这就决定了俄语词典的规模不可能很大。但究竟以多少为宜呢? 为了解决这个问题,首先需要估计一下语言中能够满足交际基本需要的基本词的数量。

1956 年高等教育部推荐试行的"高等俄语学校综合大学俄语系现代俄语标准语实践课教学大纲"规定,四年制的毕业生应该积极掌握单词数量是 2500－3000 个。德语普查统计,德语中的基本词汇量大约为 2000 多一些。英国语言学家帕默声称,他列出的 3000 词的出现率占英语日常用词的 95%。有人调查过最常用的五千个词在英、法、西语中的构文能力,下面是头三千个词在文章全部词的总数中所占百分比:[②]

---

① С. Г. Бархударов, Л. А. Новиков: Актуальные проблемы и задачи учебной лексикографии,载《Русский язык за рубежом》,1975 年第 6 期。

② Ю. 马尔科夫:学五千个单词就可掌握一种外语,载《俄语教学与研究》1959 年第 2 期。

词 群	英语	法语	西班牙语
第一个一千词	80.5%	83.5%	81.0%
第二个一千词	6.1%	5.9%	5.6%
第三个一千词	3.4%	3.4%	2.0%
总 计	90.0%	92.8%	88.6%

而口语中的用词量比书面语还要小。从这些调查统计中大体可以看出，积极掌握三千个基本词在一般交际中是完全够用了的。有的人一生只使用一千个词。我们有些学过外语的同志感到用外语会话、写作吃力，从词汇角度讲，可能主要原因还不在于掌握的数量少，而是对三千个基本词的活用能力差。

这三千个词从交际需要出发，俄语教学词典都应该收，但是根据词典选词标准又不能全收，得舍去一些。而另外又要收入少量并非这三千个范围内的词。这样一增一减，一出一进，总词汇量是还是三千左右。照我们看来，俄语教学词典比较理想的规模应该是 5000 个词左右。

有人希望把词典的规模再扩大一些，认为多收一些词总比少收一些词好，教师使用起来方便，这个愿望是无可厚非的。如果客观需要，条件许可，把收词量再增加上一些也未尝不可，不过须要指出，特定词典只能解决特定的问题，俄语教学词典无论如何也代替不了俄语详解词典或俄汉翻译词典，教师在使用前者的同时，仍然需要后者。再则，读者的经济负担也是一个应该考虑的因素。

三、条目词的释义

(1) 释义的方式

词义注释是关系到词典质量的一个重大问题,双语词典解决的办法通常有两种:一是对译,一是详解,必要时辅之以图表。但在翻译和详解的处理上常常出现分歧:有的人强调本族语在外语学习中的作用,认为翻译应该是揭示词义的主要方式,描写性解释说明只能作为一种辅助手段;有的人则强调语言的民族特点,认为揭示词义最可靠的途径是通过定义或描述把外语词义解释出来,译文在多数情况下只能提供一个模糊的似是而非的概念。

我们认为,对译和详解作为双语词典注释词义的两种方式,各有其长,也各有其短。对译的优点是简单、明了、现成,拿来就能用。对于已经掌握了本族语的读者来说,这毕竟是了解词义的一种既方便又切实的办法。设若我们的词典不给"магазин"以"商店"这个译文,而按照俄语词典的定义解释为"室内零售商品的场所",读者反而会感到概念模糊,可能把小摊、商场也误解为 магазин。反之,我们给了"商店"这个译文,读者凭借自己的汉语知识就能清楚地知道 магазин 的词义所指。用一个词解释另一个词的方法,不仅见之于双语词典,即使在单语语文词典中也被视为解释词义的一种简易手段而广泛使用着,如汉语词典中以今语释古语(厦——门屋),通名释俗称(炮子儿——枪弹),标准语释方言词(堂客——妻子)等。所不同者,只不过是在单语词典中解释词用的是同一种语言的不同词层、不同语体、不同范围的词,而在双语词典中则用的是与被释义词完全不同的另一种语言，究其实质，都是翻译。其次，译文不只是解释词义的一种手段，而且可以帮助读者进行俄汉翻译。凡是能够翻译的词目，都应该千方百计地寻找出恰当的、完全对应的译文，而不要用解释去代替译文，纵使译文不能反映出词的全部意义而只能表达出部分内容也好。

对译的缺点是释义不够确切，容易造成误解，有一定的局限性。"一种语言的词在绝大多数的情况下并不是简单地跟另一种语言的词相当，而是相互之间处于极其复杂和多种多样的关系之中。"[1]能够找到等值译文的词只是少数，多数词仅靠译文是不能把词义说准的。比如，把俄语词"есть"译为汉语的"吃"，应该说是准确无误的，但实际上它们之间还是有差别的：后者可以说"吃药，吃奶，吃早饭"，前者却不能；前者可以说"есть суп, есть кашу,"后者却常说"喝汤，喝粥"。俄汉翻译词典中常常有译文和解释混杂的现象，如 бояться——"怕，害怕，受不住"，前两个是译文，后一个便是解释（Пластинка боится сырости，译成标准汉语不应是"唱片受不住潮"，而应该是"唱片怕潮"）。这也从另一个侧面反映出译文作用的不足，说明编者也担心译文不能准确、完整地传达出原语词的意义。另外，有些俄语词甚至在汉语中根本找不到相应的译文。

详解的优点是释义全面、确切，能使读者从整体上去把握词的意义；缺点是繁琐、笼统，不现成，读者在了解了词义之后还得自己去翻成恰当的译文。

因此，对待这两种释义方式的正确态度，应该是扬长避短，从实际出发，根据词典的对象、目的和每一个条目词的不同特点决定释义的

---

[1]《俄语词典》第二版序言，载《语言学译丛》1959 年第 3 期。

方式。比如为翻译工作者编写的双语词典就应该以对译为主;两种语言中完全等值的词也应该采取对译方法。俄语教学词典的条目词都是常用而又有难点的基本词,民族性强,而它目的又在于活用,因此它的释义方式主要应该是详解,包括译文加说明。

(2) 释义的对象和要求

俄语教学词典描写解释的重点,是译文和原语词义部分对等的词。这部分词在整个需要详解的词中占大多数,又由于部分对等,常常给人一种"等值"的假相,掩盖了它们之间的差异,因此要特别用心。详解在这里就是从不同的方面对译文的不足之处进行补充,加以限制,如:

1. 对词义性质的补充说明:нравиться——喜欢(指外界事物合乎心意、胃口、兴趣,故而产生好感,觉得舒适、满足),обращаться——对待(指如何待人接物,着重表面方式)。

2. 对词义范围的限定:население——居民(总称,不用于个体)。

3. 对行为主体的限定:брызгать——(液体、泡沫或碎石、碎玻璃、弹丸、弹片以及光线、火星等)飞溅,四散,四射。

4. 对行为客体的限定:проявлять——表现(人的内在品质、才能、天资等)。

5. 对行为方式方法的说明:стирать——(搓、揉)洗;затеять——(突然一下子)想起要,开始;подбирать——(按一定的标准)选择,挑选,等等。

第二类需要详解的是在译语中找不到现成译文来表达原语词义的词。这类词为数不多,描写性的说明在这里是释义的唯一手段。其所以找不到现成的译文,大致有三种情况。一是因为原语词表示的是该民族所特有的事物或现象,如 дневник,指苏联"中小学生用以写记教师布置的家庭作业和供教师给自己打课堂成绩的本子",我国中小学生没有这种专门用途的本子,因此只能解释。有的词典译为"(中小学生)考勤薄"或"(中小学生)成绩考核薄",都不确切。这类词有时虽然也可以音译(如 пуд——普特)或者意译(如 край——边区),但仍然需要解释,否则读者还是不了解它们的实际意义,如——普特等于多少公斤？边区属于哪一级的行政单位？二是因为原语词义复杂、抽象,难于用一个概念词翻译,虽然该词所表示的事物或现象在使用译语的民族中也有。比如示威游行、罢工罢课、武装起义等现象在我国也有,但汉语中却没有一个像俄语 выступление 那样更为抽象的词,把这些现象再概括一下,表示"集体出动,公开反对、抗议某事物"。因此即使创造一个新的译文"发动"(Восстание на броненосце 《Потемкин》 явилось первым массовым выступлением в армии и флоте."波将金"装甲舰上的起义是海陆军中的第一次群众性的革命发动。"(引自《联共(布)党史简明教程》的中译本),也还是需要说明。又如 красоваться 的一个意思,表示"某事物以自己的美丽、雄伟、独特的风格或其他引人注目的特点显示出或使人感觉到它的存在",在汉语中就很难找到一个适用面广的概括性译文,三是在原语中没有独立的概念意义或词汇意义很弱,不能独立使用的词。这些词在原语词典中本来就没有定义,而只有一个说明。如俄语中某些动词必须和名词连用,起近乎词缀的作用,使名词的事物意义行为化,不能单独使用。试比较 оказать помощь——помочь(帮助),брать начало——начинаться(开始),дать отсрочку——отсрочить(延期)等。

释义同样应该力求准确、显豁,从不同的方面揭示被释义词所反映对象的种差,使读者既能抓住词义的实质又能把它与之相近的词义区别开来。在解释中不要罗列论据,阐明观点,面面俱到,加进对义项来说是非本质的因素,但是也不能遗漏义项的本质特点。详解的文字要明白易懂,切忌欧化句式;要严谨简炼,一字一句必须反复斟酌。用词概念要求确切,限制语用得恰当。不要题外发挥,要把"水分"挤干。

(3)怎样才能做到释义得当

翻译和详解只是揭示词义的两种方法,至于怎样才能做到精确地反映出原语词的意义,处理好译文和详解的关系并做到译文、详解贴切,关键还是吃透两种语言的词义。对原语词义没有深刻的理解,翻译和详解便失去了依据,而对译语词义理解不透,选词不当,也会损害原语词的意义。要抓住词义的实质,除了大量阅读,提高语言知识以外,从词典编纂工作的方法来看,我们觉得应该加强对比、联系、分析三个环节。

对比,就是在同义词之间、近义词之间、反义词之间、几种语文词典之间、汉俄语之间进行比较。通过词和词在不同方面的比较,可以看到一个词在整个词汇、语义中的地位以及它和其他词之间的联系,从共性中辨析一个词的个性,确定出它的内涵、外延、修辞特征和使用场合等。把不同的语文词典拿来比较,可以取长补短,收集思广益之效,使我们对一个词的认识更加全面、充实。而原语和译语的比较,则有助于认识语言的民族特点,处理好译文和详解的关系和内容。比如我们要写好 храбрый 这个词,从俄语方面讲,首先就要把几种主要的俄语词典对它的解释进行比较。如果在比较中发现分歧,就要研究这种分歧的性质是互相补充的,还是互相排斥的。如果是前者(这种情况最多),只要把它们综合起来就行了;如果是后者(这种情况少),就要结合词的用法确定孰是孰非,目的在于求得对这个词的基本了解:

指"不畏惧,不怕危险,敢于面对危险勇往直前的"。然后在此基础上,再把它和其他同义词(смелый, бесстрашный, неустрашимый, безбоязненный, отважный, мужественный)、近义词(удалой, доблестный, героический, дерский)、反义词(трусливый, боязливый, пугливый, страшливый, робкий)的词义性质、搭配范围、使用场合、修辞色彩等进行比较,以提高和丰富我们对词的认识,如 храбрый 只指勇敢,且着重于外在表现,不像 смелый,指有勇有谋;也不像 мужественный,指内心具有坚定、刚毅、勇敢的精神;勇敢的程度不如 бесстрашный, безбоязненный,不和表示物的名词搭配(смелый 和 мужественный 可以,如 смелое лицо, смелый план, мужественная речь, мужественные черты лица),没有修辞色彩(而 отважный 带有崇高色彩)等。从汉语方面讲,要查看不同俄汉词典的 храбрый 的译文,收集汉语中与"勇敢的"同义或近义的词(大胆的,无畏的,勇猛的,骁勇的,英勇的,英武的,果敢的,勇武的),然后进行分析、对比,挑选出和 храбрый 等值或大致相当的译文,决定详解的内容和范围。

所谓联系,就是把词的各个义项,词的派生意义和基本意义、转义和直义联系起来,把词的意义和用法联系起来,把意义相同的词素或同根词联系起来,研究词义的来去行踪,理清词义的脉络,抓出词义的中心。所谓分析,这里主要指对词的构成分析,从词素的意义、形式和它们的结合中探求词的实质意义。如 потом(后来,以后)是由前置词 по + то 的六格形式构成的,表示行为发生在另一行为之后(试比较 по возвращении на родину 回到祖国以后)。усыпать(撒满)由 у + сыпать 构成,前缀 у - 指行扩及整个物体平面,сыпать 指把细碎的物体撒向某物某处。

认识事物就是要从事物的多种多样的联系中去研究事物。对比、联系、分析的中心思想，就是要把词和词义作为词汇、语义体系中的一个成素去看待，"要注意语言要素或语言成分之间的不相混淆而有所差别的情形对规定语言符号的价值所起的作用"，脱离开整体、脱离开各成素之间的联系，便无从反映出词和词义的实质。

（原载《外国语文教学》1982 年第 3 期，收入本书时作者作了部分删节。）

俄语教学词典的词义划分

一

义项的建立和划分在词典编纂中是一项带有基础性质的极为重要而又十分复杂的工作。对单语词典的编纂来说,尤其如此。

由于对所写词义的认识不同,词典的性质、对象、任务和规模的不同,同一个词的意义在不同的词典就可能有不同的描述和划分,如"глухой"在《乌词》①中划分为七个词义,《科词》却分为六个词义,而在这六、七个词义中只有"耳聋的"和"瘖哑的,闷声的"两个词义是共同的,其余几个词义的界限则多不相同。《乌词》把"不关心的,置若罔闻的"作为一个独立的词义,《科词》却把它作为"耳聋的"一个分义;《乌词》把"荒芜的,偏僻的,寂静的"概括为一个词义的三个分义,而《科词》却把它分作三个独立的词义;《乌词》把 глухая пора 作为一

---

① 该文引用的词典全部采用下列简称:
乌沙阔夫主编的《俄语详解词典》——乌词
奥热果夫主编的《俄语词典》——奥词
苏联科学院编的《俄语词典》——科词
苏联科学院编的《现代俄罗斯文学语言词典》——文词
刘泽容主编的《俄汉大词典》——刘词

个自由词组收入"寂静的"分义之中,而《科词》却把它作为固定词组附在六个词义之后。语言在发展,科学在前进,人的认识在一定时期总要受到一定条件的限制。我们不能说哪一部词典的词义划分就全是错的,哪一部词典的词义划分就全是对的。实际上即使一部最好的词典,也不可能在所有词义的划分上都能做到恰如其分。В. В. Виноградов 曾经指出:"词汇意义概念的不明确极其严重地影响了词汇方面的工作。每一本详解词典总要漏掉成百上千的明明是活用的词义,总要杜撰出不少莫须有的词义。""……毫无根据地划分词义和错误解释词义的例子在所有的现代俄语详解词典中都是车载斗量。"(见"词的词汇意义的主要类型","俄语教学和研究"1958 年,第 2 期,着重号笔者加的)

俄语教学词典属于双语词典,它是通过汉语诠释俄语词的意义,因此义项的建立和划分对它来说,相对要容易许多。它的主要任务就是在俄语原语词典对词义描述的基础上,根据自己的任务、对象和规模,对比俄汉语相应词义的异同,对原语词典中词义的划分作出适当的调整。这里有两种倾向值得警惕:一种是原封不动地完全照搬俄语详解词典的词义划分,一种是以汉语译词的词义范围来划分俄语词的意义。

(1) 俄语是俄语教学词典的主体语言,因此理所应当地应该把保持俄语词义结构的面貌作为词典处理词义划分的一个根本原则。

在不同的语言中词义形成的道路、组合的方式、发展的规律是不一样的。词义以客观事物为基础,但又从属于具体的语言体系,客观事物的数量并不等于词或词义的数量。同一的客观事物,在有的语言中用几个词表示,在另外的语言中则通过一个词的不同意义来表示。从事物的本性来看,"脊背"和"山脉"显然是两个不同的东西,似应用两个词表示,但在俄语中它们却是一个词"хребет"的两个意义。汉语中有些表示动作的词同时又表示该动作产生的结果,可用作动词,也可作名词,如"著",既指写作(著书),也指作品(名著,译著)。而这在词形丰富的俄语中通常都是用两个词表示的。我们绝不能因为汉语中"手"和"臂"是两个词,就把俄语 рука 的一个词义分为两个意义,同样也不能因为汉语"恢复"的词义范围广(表示"变成原来的样子"和"失而复得")就把俄语 восстановить 的两个意义:①что 恢复,重建(~промышленность, ~здоровье)和②кого в чём 恢复(~кого в комсомоле 恢复……的共青团团藉, ~кого в должности 恢复……的职务,合并为一个词义。如果根据汉语译词的数量和词义范围来确定俄语词的词义划分,就必然会破坏俄语词的词义结构及其民族特点。那我们实际上就不是在编纂词典,而简直是用汉语改造俄语了。要保持俄语词义的结构面貌,就要以俄语详解词典为基础,因为"对俄语单词作语义上的深入研究要依靠精通俄语的人,实际上外国人是做不到的"。(Л. В. Щерба)

(2)依靠俄语词典并不意味着必须照搬它的词义划分。

词典作为一种工具书,除了科学研究的一面,还有其实用的一面,即如何便于读者理解和使用。它对词义的划分毕竟不同于语义学中对词义的研究。俄语教学词典是为教学服务的,它的对象是懂得汉语的中国人。中国人学习俄语总是以汉语为中介,从汉语的语言思维角度来理解俄语的。从语言本身讲,俄汉语有异有同,不能排除求同存异的可能性。因此,在确定俄语词义划分时,考虑到两种语言相应词义的范围和特点,从便于教学和读者理解使用出发,在不影响俄语词义结构的情况下作一些必要和适当的调整,不但是允许的,而且是应该的。例如 враг 指"敌人"时,在有的俄语词典中化为五个词义:①对某人持敌对态度的人;②反对现行社会政治制度的人;③军事上的敌人;④能带来危害的一切事物;⑤仇视或讨厌某事物的人。有的划为三个词义。而《俄语词的搭配教学词典》(учебный словарь сочетаемости слов русского языка)着眼教学,把它们概括为一个词义,指"对某人某事持敌对态度的人"。辽宁人民出版社出版的《俄汉词典》,从相应的汉语译词词义出发,把它们分为两个词义:①敌人、仇敌;敌军,② чего 反对者,仇视者。这些做法都是根据词典的性质和两种语言的特点进行词义调整的尝试,是无可指责的。又如 иметь 表示"有",在俄语词典中一般都把作为财产占有的领属关系和表示"配备、存在"的意义分作两个义项,但《俄语8000常用词词典》(潘国民主编,黑龙江人民出版社出版,1985年)就把它们合并为一个义项。但这绝不会导致中国读者对俄语词义的误解,当他们看到(иметь семью, помощника, секретаря)时,也不会理解为一种占有关系。捷克某些词典学家提出的双语词典中的"翻译意义"(переводное значене),指的就是研究了两种语言相应词义特点以后而做出调整的意义。

何况各种俄语词典本身在词义划分上就意见分歧,各行其是,这就需要我们做出判断和抉择。所以结论只能是:要依靠,但不能依赖原文词典,要尽量尊重原语词典的词义划分,但也要考虑到译词词义的影响,教学词典有必要根据自己的性质、任务、对象和规模制定出自己的词义划分标准。

二

从上述认识出发,为了工作方便,我们初步拟定了几条划分词义的规则。

(1) 在语义方面。

1. 通用词义和科技专门术语意义应独立分开。如 мощный：①强大的,巨大的;②大功率大,容量大的(~ двигатель)。земля：①(第一个字母大写)地球;②土地。

不同专业的术语意义也应分开,如 многозначительный：①<数>多位的,多值的(~ число);②<语言>多义的(~ слово)。

如果术语意义已为该民族的大多数人所熟知,也可合并在相应的通用词义的义项中。如《奥词》把 звук 的通用词义"声音"和物理学上的"声"就合并在一起。

2. 只和一两个词连用的习用范围受限制的词义或术语,不作独立的词义,而作为固定词组,标上<>符号,放在相应词义的词组最后,如 восстановить 和 память 连用,表示"记起,想起",几本俄语词典都作为一个独立的词义,其实这里"记,想"主要是 память 的意义,动词表示的仍旧是"恢复"的那个意思,因此作为"恢复"的一个固定词组加以解释就可以了。又如 впечатление 表示"印象"和"影响",完全是两个不同的意义。几本俄汉词典把它们并入一个义项是不妥当的,但是也未必有必要像《科词》和《文词》那样把他们独立为两个词义。因为作为"影响"这个意义主要出现在 произвести впечатление

на кого 和 быть，находиться под каким впечатлением 两个词组之中。глухой 和 согласный 连用，构成语音学的一个术语"清辅音"，《乌词》把它划分为一个独立的词义，也似无必要。

3. 通用词义和因修辞色彩不同而意义发生变化的词义应独立分开。如 морда：①（兽的）面部，脸；②＜粗，骂＞（人的）嘴脸。плоский：①平坦的，扁平的；②＜不赞＞平淡无味的（～ шутка）。

4. 表示不同时代，不同社会特点的词义应独立分开，如 домохозяин：①房主；②＜旧＞（主要指农家）当家人。кормчий：①＜旧，方＞舵手；②＜庄＞领袖。чиновник：①（旧社会或资产阶级国家的）官员，官吏；②官僚主义者（он не администратор，а чиновник）。

应该指出，具有不同修辞色彩的词义和修辞色彩不同的单词有某些不同之处。修辞色彩不同的单词，其词义有些是完全相同的，区别只在于适用场合或感情色彩不同，即所谓修辞同义词。如 Родина —＜庄＞Отечество 都指"祖国"，врач —＜讽蔑＞лекарь 都指"医生"。而修辞色彩不同的词义不仅使用场合和感情色彩不同，而且语义一般都和通用词义有别，因此把它们作为独立的词义处理，放在语义标准之中。

（2）**在语法方面**。

具有不同语法意义、不同的支配关系和不同的句法作用的词义都应独立分开。虽然词义的分化不一定会引起词的语法形式的变化，但词的语法形式的变化，一般说来总是标志着词的新义的形成和产生。把具有不同语法形式的意义划分开来，对明确词义范围和理解掌握词义都有好处。例如：

1. 数不一致的词义,如 место:①地方,单复数都用;②地方(组织、机关),只用复数(в центре и на местах)。

2. 性属不同的词义,如 прохожий:①[形]过路的,阴、阳、中性都用;②[用作名词]过路行人,只有阳、阴性,прохожий(男)和 прохожая(女)。Брат:①兄弟,单复数都用;②<口语>老兄,老弟(对男人不拘礼节的亲昵称呼),只有单数。

3. 体不一致的词义,如 говорить, писать, видеть 等表示"说、写、看见"的行为时,是及物动词,有完成体 сказать, написать, увидеть,但表示"有说、写、看见的能力"时是不及物动词,只有未完成体形式。有的词典没有把这两个词义区分开来,有的老师讲课也忽略这种差别,致使某些学生遇到"你会讲俄语吗?"一类话要说时,总喜欢用"Умеете ли вы говорить по-русски?"。实际上,在不特别强调这种能力时,不需要用 уметь。又如 одевать,表示"给…穿上、盖上"时,有未完成体和完成体两种形式,但表示"使…穿戴得怎样"时,只有未完成体,因此必须独立分开。

4. 接格不一致的词义,如《文词》把 бить 表示"敲、击、拍"和"(用击某物的声音)发示信号,打点"两个意义合并为一个义项,从语义上讲,并非不可,但从语法上看,还是分立为好。因为二者语法形式差别太大:第一个意义属不及物动词,要求 по кому-чему 或 в кого-что,第二个意义可及物,要求 что(Часы бьют полночь),也可不及物(Бьёт третий звонок, но поезд ещё стоит),还可用作无人称,合并在一起容易引起使用上的混乱。

5. 句法作用不同的词义,如 могила:①坟、墓,可用作各种句子成分;②<口>守口如瓶,绝对保密,只用作谓语(Об этом никому ни

слова! — Будь спокоен! Могила!)。великий：①伟大的,全尾、短尾都用,可作定语、谓语；②(衣服、鞋对某人来说)过于肥大,只有短尾,用作谓语。

(3) 语法标准在词义划分中起着重要的作用,是划分词义最明显的一个标准,但却不是根本的标准。

划分词义的根本标准是语义标准,词义本身的性质才是划分词义的基础。形式和内容相比,内容是主要的,内容决定形式。首先是词义起了变化,然后才产生了词的不同语法形式(当然,也不能否认不同语法形式对词汇意义的影响)。另外,不同语法形式产生的原因是多方面的,并不全部都与词义有关,不同语法形式所表示的词汇意义也不都是独立的新义,还可能是一个词义的不同意味,如бороться с кем－чем 与 против кого－чего。语义标准十分重要,但最难掌握,最难具体化,也争论最多。语言中的词义浩如烟海,要想把各个不同的词在语义上那些五花八门、错综复杂的联系区分开来或综合起来是很困难的,要想提供一个包罗万象、大家认可的词义划分标准体系,使我们能够像选果机按照不同大小的洞口区分水果的等级那样,在划分词义时只要按照标准条款对号核对一下就能确定几乎是不可能的。笼统地说,一个词的两个意义如果内在联系紧密,共同部分是主要的,差异是次要的,便是一个词义,否则就是两个词义。但是,这只有在极限的情况下才是清楚的。实际上,在词的意义领域中还存在着"边缘区",有许多介乎两种词义范围之间的细微涵义,有许多词义正处在多个极限点之间(如独立的新义和旧词义的新用法之间)的过渡阶段。"看来,没有客观的准则使我们能够精确地规定每一个处于这一过渡阶段的具体的词与这个点或那个点的近似程度"。(Н. И.

Фельдман），例如"бить"用于转义，表示"抨击"（~ по бюрократам，~ по недостаткам），究竟和它的另外四个词义：① 揍、殴打（~ Ваню）；② 敲、击（~ по столу）；③ 打败、击溃（~ врага）；④ 射击（~ из зенитки）的哪一个词义更为接近呢？是一个独立的词义还是上述某个词义的分义呢？《科词》把它列为"射击"的一个分义，《文词》把它算作"殴打"的一个分义，《刘词》把它作为"敲、击"的一个分义，《辽词》把它却看成是"打败"的一个分义。《奥词》在1953年版本中却把它独立为一个新义了。这些分歧的出现完全是正常的，不足为奇，在一定时期甚至是不可避免的。

为了把词义划分得更确切一些，我们还可以采用下列一些辅助手段，作为确定词义划分的反证：

1. 各词义的派生词是否相同。如果一个词有两个意义不同的派生词，就证明是两个词义，如：

Свет ① светлеть（破晓，天亮）— 天亮，

② светить（发光，照亮）— 光、光亮。

2. 各词义是否有共同的同义词列。如果有共同的同义词列，就是一个词义，否则就是多义，如：

Богатый ① 富裕的 — состоятельный, обеспеченный,

имущий, зажиточный.

② 富有…的 — обильный, изобильный, щедрый.

③ 阔绰的 — роскошный, пышный, великолепный,

шикарный.

Лицо ① 脸 — физиономия, лик, морда.

② 人、人物 — личность, особа персона, фигура.

3. 各词义是否有相同的反义词。如果反义词不同，就不是同一词义，如：

Светлый ① 光亮的 — тёмный（~ая комната），

② 清澈的 — мутный（~ ручей），

③ 快乐的 — грустный（~ взгляд）。

尽管如此，我们仍然不能说我们现在就可以很容易地判断和划分词义了，或者说我们词典对词义的划分都是恰当的，绝对不能。上述具体标准既很零碎，也不都是绝对的，只能算是抛砖引玉。最主要的还是把握几个原则：既要注意词义划分的科学性，又要考虑词典的实用性；既要以原文词典作为词义划分的基础，但又不能完全照搬；既不损害俄语词的词义结构，也要考虑汉语译词词义的影响。词义的划分要条理清楚、豁达、易于为读者理解，便于掌握使用。

最后再探讨一个问题，就是教学词典的规模和词义划分的关系。我们认为，词典的规模不应该成为词义划分的主要因素。词义结构如果得到正确的反映，它在任何规模的词典中都应该是一致的。规模不同的词典，可以根据各自的性质、对象和任务多收或少收、收或不收某些义项，但却不能因为规模大小而任意地合并或割裂词义。《刘词》共收词条十万五千个，而《辽词》收词只有三万二千五百个，但后者在词义的划分上有些地方比前者还更为详尽、合理和科学。

(原载《词典研究丛刊》第 3 辑，四川人民出版社，1981 年)

俄语教学词典中的词汇辨异

一、词汇辨异已经成为诠释词义的一种手段

词汇辨异长期以来是词汇学和修辞学研究的范畴之一，其目的主要在于使言语多样化，丰富言语的表达手段。但现在它已经成为揭示词义的一种手段，从而愈来愈多地受到词典学家们的重视。吕叔湘先生编的《现代汉语八百词》、美国的《韦氏新世界美语词典》和法国的罗贝尔词典，都在词条中专门设有词汇辨异一项。其名称虽各有不同，但实际作用都是通过词与词之间的对比进一步深刻地描写词的意义。就连我国出版的以帮助读者阅读古代文献为主要目的的《古汉语常用字字典》也设有［辨］（异），"用于同义词或近义词的辨析"，如"冠"字条下的［辨］："冠、冕、巾、弁、帽。"

这种不谋而合的作法实非出于偶然，它是人们对语言本质认识深化的结果，是语言研究由"原子主义"转向系统整体，由语言系统转向语言使用的一个有意义的值得称赞的变化。语言结构具有严密的体系性，整个语言是一个大系统，语音、词汇、语法、语义是其四个子系统，这些子系统又各自包括一些更小的系统。组成系统的各要素既对立，又统一。它们互相制约、互相作用、互相说明并互为补充，其中每

个要素的价值不仅取决于它本身在性质特点上的差异,而且与它所在系统中的其他要素有关。语言的词汇、语义系统亦然。法国语言学家特里尔(J. Trier)说:"在一个语义场的范围内所有的词都是相互联系的,每个词的意义取决于这个语义场内与之相邻的诸词的意义。在场外,单个的词没有任何内容,即或有,其意义也是极不确定的"。捷克词典学家兹古斯塔(L. Zgusta)也说:"如果人们不是把词和它的近义词来加以比较、对比研究,那么可以说他并没有真正懂得这个词的意义。"(见《词典学概论》第134页)可见,要确切弄懂一个词的意义,必须同时研究这个词的本身,以及它和其他同属一个概念范围内的词,它的同义词、近义词乃至一切在形式和语义上有关的词的相互关系。

俄语教学词典是一种复用式的双语词典,词汇辨异对它来说更有着特别重要的意义。我们应该充分意识到供理解用的翻译词典和旨在帮助读者用外语说话写作的词典在词义诠释上的不同要求。一般说来,前者侧重于词义的概括,着眼于词的基本涵义,读者掌握了它,就能够借助于语境了解这个词的各种具体细微含义并把它们翻译出来。而教学词典对词义的诠释则更侧重于词义的具体的细节描写。只了解词的基本涵义而不知道它的各种附加意义和色彩,是不可能正确使用词的。其次,语言系统具有鲜明的民族性,处于不同系统的词汇单位,其意义是极少等值的。甚至在两种文化互相交叉和客观事物等同的地方,词义所指的内容及其义素的组成也常常是不一样的,它们之间的关系往往是"你中有我,我中有你,亦此亦彼,犬牙交错"。例如,俄语的 брать、держать、нести 都可译作汉语的"拿":брать книгу со стола(从桌子上拿走书),держать книгу в руке(手中拿着书),нести книгу домой(把书拿回家)。看起来,"拿"的汉语词义似乎比俄语几个动词的词义要宽：它既表示"用……取物"的动作，又表示"持物"的状态；既表示"静止状态中的拿"，又表示"运动中的拿"。但是从另一个角度看，也可以说俄语动词的词义比汉语的要宽。首先，汉语的"拿"只用于非动物名词，而俄语几个动词既可用于非动物名词，也可用于动物名词。其次，它们可以通过与其他词的搭配，表示"拿"的各种不同的方式和状态。如提、拉、抱、夹、挑、担、扛、托、举、顶、叼、含等：брать ребёнка на руки（抱起孩子），брать старуху под руку（搀着老大娘的手臂），держать сигарету во рту（嘴里叼着烟卷），держать листовки за пазухой（怀里揣着传单），нести мешок на спине（背着口袋），нести больного на носилках в больницу（用担架把病人抬到医院）等。

所以有人说，语义对比是"双语词典的灵魂"，"是双语词典编纂方法论中的关键问题"，这是一点儿也不过份的。"如果词义辨析问题得不到系统的解决，词典就不可能成为读者挑选合适的对等词的可靠指南。"（M. 阿尔－卡西米）

二、词汇辨异的范围

词是一个音义结合的整体，具有形式和内容两个方面，词义是通过一定的语音或书写形式表示的。因此进行词汇辨异，既要考虑词在内容上的差异，又要注意词的形式对掌握词义的影响。人们对某些词的混淆和误用往往就是由于词在形式上的近似所造成的，例如俄语 Австрия（奥地利）与Австралия（澳大利亚），абонент（预约人，订户）与абонемент（预约券，长期票）等。这些词的意义并没有什么难以理解和区分的地方，人们之所以混用，主要是由于它们在发音上的近似。这就像我们讲汉语的人，常常由于字形记不清楚，把"盲、肓，折、拆、析，戊、戍、戎"等混用一样。过去的语言研究长期忽略了这个方面，现代语言学已将之囊括其中，且有专著论述。俄语统称这类词为паронимы(英语为 paronym)，汉语有的译为"形似词"或"同源同形词"，有的译为"对应词"或"近音异义词"等。当然，这一类词在需要辨异的词汇总数中只占少数，而更多需要辨异的还是词的内容方面，即词的意义。

总的说来，俄语教学词典的词汇辨异对象应该是在形、音、义方面有同有异的词汇、语义单位。同是对比的基础，异是对比的目的。只有异而没有同的异形异义词(如 камень[石头]和 трава[草])和形式绝然不同而意义完全吻合的等价词(如 языкознание、лингвистика、языковедение[语言学])，或者形式吻合而意义不同的同音词(如 брак[废品]和 брак[婚姻]等都不在辨异之列。

在需要辨异的词汇中，从源语讲主要有：

(1) 同根同义词，如 далеко—вдали—вдалеке—в отдалении(远，在远处)；

(2) 异根近义词，如 умереть—скончаться—угаснуть—вздохнуь—подохнуть(死，去世)；

(3) 同根近义词，如 подоходить—приходить(走近—走来)；

(4) 异根近义词，如 мытъся—купаться(洗澡)；

(5) 逻辑概念上的易混词。这主要导因于读者囿于自身的认识水平，混淆了一些概念完全不同但逻辑上比较接近的词，如 изобрести(发明)—открыть(发现)，тщательно(仔细地)—осторожно(小心地）—внимательно（留意地）；

（6）音似词和形（书写形式）似词，如 компания（公司）—кампания（战役），сытый（吃饱的）—сытный（容易吃饱的）；

（7）词汇范围内的平行同义或近义结构，如 интересно—с интересом（有趣地），в помощь, на помощь（帮助）等。

从原语和译语关系来看，主要是：

（8）译语词义大于原语词义，一个译文词语包括原语几个词的意义，如汉语的"教育"同俄语的 образование（只指学校教育）和 просвещение（既指学校教育，也指政治、文化、道德等社会教育），不辨析这两个词的意义，中国学生就会乱用。

三、词汇辨异的内容

词汇辨异的任务主要是解决一个"异"的问题。词汇辨异的重点是词义辨析，因为词在意义上的差别一般比较隐秘、细微和复杂，不易为人们所察觉和认识。而词的理性意义是词义的核心部分，因此它又是词义辨析的重点。进行词汇辨异，首先要注意被比较的词之间在所指对象和基本涵义上是否一致。有些词虽然在某一方面与另一词有某种联系或彼此近似，但所指对象和基本涵义各不相同，可以说是大异小同；而有些词虽然在某些意味和色彩上与另一词有这样那样的差别，但所指对象和基本涵义却是一致的，表现的则是大同小异。前面谈到的音似词、形似词、易混词和近义词大都属于前一类，而后一类则主要是同义词。

前一类词之间的差别主要在基本意义方面，其他方面的差别甚少。对这一类词好处理，辨异就是指出它们所代表的不同事物和各不相同的词义范围，如第二节所举的例子。

这种差别表现在俄、汉语的对比中有如下一些情形：

（1）泛称和特称的区别。俄语中只有特称词而没有泛称词，而汉语中却正好相反，如汉语的"班"与俄语的 класс（中小学的班）和 группа（大学里的班）；或者两种语言都有泛称和特称的词，但特称的事物不同，如汉语的"病人"（泛称）和"病号"（特称，指"部队、机关、学校等集体中的病人"（见《现代汉语词典》第79页）与俄语的 больной（泛称，病人）和 пациент（特称，指正在就医或住院的病人）。

（2）对动作和状态的区分不同。在汉语中同一个动词既表示动作，又表示该动作所形成的状态，而俄语里却把动作和状态区分开来，用两个动词表示，如："坐"的动作用 садиться（坐下，坐到……上），状态用 сидеть（坐着，坐在……上）等。

（3）对动作方式方法的区分不同。在俄语中一种动作的不同方式或方法是用不同的动词表示的，而汉语却可以用一个上位词统称，如汉语的"爬"，俄语中分别用 лезть（指攀缘而上，如爬树），ползти（指匍匐而爬，如沿地面爬）等两个动词表示。

同义词之间的差别要更为复杂一些，它可以涉及到词的意义、语体感情色彩、词的搭配、语法特点以及使用场合等诸多方面。就词义而言，则主要是内涵方面的，且多为原语所固有。细分起来，有以下几种情形：

（1）义素的多少不同。如 обладать（拥有）—располагать（不仅拥有，而且可以使用、支配）。

(2)词义的侧重点不同。如:(1)行为的有意与无意,如 отпускать(有意放过)—упускать(无意放过)。(2)过程的阶段不同,如 поспевать(指较长的成熟过程)—дозревать(指最后的成熟阶段),因此如果某一事物的成熟过程不易区分出不同的阶段时,便不能用 дозревать 这个词。(3)概念的抽象与具体,如 изгнать(指抽象概念的驱赶,如把侵略者赶出国土)—выгнать(侧重驱赶的具体行为,如赶鹅上路)。

(3)词义轻重的不同。如 светлый(明亮的)—яркий(灿烂的,耀眼的)—ослепительный(使人目眩的,晃眼的)。

同义词差别的第二个方面是词的各种附加色彩,其中包括:

(1)词的感情色彩。它表明说话人的主观情感,如褒与贬、粗鲁与委婉、厌恶与亲昵、戏谑与讥讽、庄重与随便等,如 умереть(死<中性>—скончаться(逝世<庄重>)—протянуть ноги(蹬腿,挺腿<粗俗>)。

(2)词的语体色彩,即词的使用场合。如书面语词与口语词,标准语词与方言词,公文事务语词与科技语词,政论语词和文学语词等,如 туберкулёз(肺结核<医学术语>)—чахотка(痨病<口语>);наказание(处罚,处分<通用>)—взыскание(指组织处分<公文语>)。

(3)词的时代色彩。古语词与现代词、旧词与新词的区分,如 вместе(在一起<现代词>)—вкупе(旧词);губы(嘴唇<现代词>)—уста(古语词)。

(4)词的形象色彩。试比较: сильная воля(坚强的意志)—стальная воля(钢铁般的意志)。

同义词差别的第三个方面是词的搭配能力和范围。词在搭配能力和范围上的限制很多都与词的意义有关。例如 слушать 常和 музыка（音乐）、концерт（音乐会）、сказка（故事）、выступление（演说）和 доклад（报告）等词搭配，而 слышать 却常和 крик（叫声）、смех（笑声）、звонок（铃声）、шаги（脚步声）、выстрел（枪声）和 разговор（谈话声）等一类词搭配，就是因为前者表示的"听"是有意的，而后者是无意的。然而也有一些词在搭配上的限制是受社会惯例的影响，从现代语言来看是无理据的，如俄语的 чёрный（黑色的），搭配面广——воронойд 只和 лошадь（马）连用。

同义词差别的第四个方面是词的用法，如词的句法功能不同：доктор（医生），只用于呼语，可和表示姓名的词连用，而 врач 不能用作呼语，不和表人的姓名连用。кушать（吃），一般不用单数第一人称形式，多用命令式和不定式，而 есть 没有这些限制。

四、词汇辨异的方法

词汇辨异采取何种方法与被辨对象的特点和造成混淆的原因有关，但是由于词汇辨异总的说来是把词放到一定的关系网络中去研究，因此也可以指出两种常用的一般方法：对比和分析。

（1）对比法。对比是词汇辨异的一种十分有效的方法。通过比较，可以逐步缩小辨异的范围，确定辨异的难点。难点越是集中，解决问题的针对性就越强，对异同的了解就越深入。辨异就是研究词与词之间不相混淆而有所差别的情形。通过比较，有助于发现每个词的特点实质，找出差别。

对比法的使用范围很广,可以是词的结构、功能的对比,也可以是词的意义、色彩的对比,可以从形式到内容,也可以从内容到形式。比如要辨析 перейти 和 пройти,就可以先从词的构成比较入手,确定辨异的重点在于前缀:пере - 和 про - ,然后再将 перейти 与其同前缀的动词(переехать, переплыть, пробежать, пролететь 等)加以比较,这样就可以知道,перейти 指"从一侧走到另一侧"的运动,而 пройти 指"从头到尾走完整段距离"。

对比可以在同义词列各成员之间进行,也可以在与之有关的同族词、反义词之间进行。比如 укоротить(缩短,改短)和 сократить(缩短,简缩)的区别,可以通过比较它们的同根词 короткий 和 краткий(короткое письмо [简短的信], ~ пиджак [短上衣]; краткая грамматика [简明语法], ~ ответ [简要的回答]),从而了解到 укоротить 主要指缩短长度,сократить 主要指压缩内容。反义词的比较,也可以从同义词中导出,如:

передовой(先进的)与 прогрессивный(进步的)

↓　　　　　　　　↓

отсталый(落后的)　与　реакционный(反动的)。

(2)分析法。对比和分析互有联系,相辅相成。对比离不开分析,分析中含有对比。但分析毕竟不同于对比,它是比对比更为深入地认识事物的一种方法。在词汇辨异中,分析主要用于两个方面,一个是分析词素,一个是分析义素。

词素分析,如 однообразный 与 монотонный(单调的),前者由 один(一个)+ образ(方式,样子)构成,指方式单一,如 ~ жизнь(单调的生活);后者由 мон(单一)+ тон(声调,腔调)构成,指声音单一,如

~речь(单调的讲话)。

义素分析，如 чинить、исправлять、ремонтировать：(见表)。

词义义素	чинить	исправлять	ремонтировать	例 证
使损坏的东西恢复原来的形状或作用	+	+	+	
一般日常用品	+	-	-	~ одежду(衣服), мебель(家具), невод(渔网)等
小型的简单机械	+	+	+	~ замок(锁子), утюг(熨斗), будильник(闹钟)等
大型复杂的机械	-	-	+	~ доменную печь(高炉), паровоз(机车), теревизор(电视机)等
小 修	+	+	-	~ немножко(稍加修理)
大 修	-	-	+	капитально ~ (大修)полностью ~ (全修)

同义词辨析是双语词典编纂中一项艰苦细致的工作。同义词之间的差异多带有互补的性质，它们从不同的侧面反映了同一事物的不同特点，满足人们不同的交际需要，编纂者的责任就是要在大量语言事实的基础上寻求并如实地揭示这些特点。切不可主观臆断，单纯凭语感妄下结论，"在没有相似之处的地方硬找相似之处，在语义特征模式有真正不同的地方不要强求一律"。同义词之间的差别一般都是交

叉的,同时涉及到语义、搭配或修辞、功能等几个方面,编纂者必需逐一地研究分析,切不可抓住一点,不及其余;但同时也要有主有次,重点突出。方法只能是解决问题的一种手段,要想真正搞好词汇辨异,就要坚持不懈地、大量地搜集有关词的典型例证,仔细地研究和对比各种原文词典对该词的解释,然后再进行自己独立的综合分析。只有这样作出的结论,才是比较可靠的。

(原载《辞书研究》1987年第4期)

俄语教学词典中词的搭配问题

词的搭配是俄语教学词典词条结构中一个重要的独立组成部分,它的作用主要是:弥补释义和译文的不足,加深和丰富对条目词词义的理解;扩大词汇知识,发展言语。没有搭配,词义的阐释将是不完备的,有时"犹如光学上的虚像",使人摸不实在。搭配掌握得多,说话写作就得心应手。所以,语文词典一般都列有词的搭配。俄语教学词典从自己的任务出发给了它更多的篇幅和关注。这里就其选收搭配的范围、标准和处理方法谈点看法。

一、选收搭配的范围

"搭配"并没有严格确定的涵义和界限,从有些作品的使用来看,它有两个意思:一个是语言方面的,指词和词在语言中潜在的搭配能力(сочетаемость слов);一个是应用方面的,指两个以上的实词的结合(сочетания слов),即词和词组合的结果。在后一个意义上它近似词组的概念,但比词组包容的范围广:是词组,都属搭配之列,但是搭配的,却未必都是词组。它包括并列搭配(如 наука и жизнь 科学与生活)、主谓搭配(如 Туман редеет 雾气渐渐稀薄)、名词和同位语的连用(如 телефон – автомат 自动电话),甚至还有一定的句式(如 что - л. [для кого – л.][не]секрет 某事物[对某人][不]是秘密)等。

在俄语教学词典中,搭配主要指有主从关系的两个以上的实词的结合,即在组成成分的联系中有一致关系、支配关系和附加关系的搭配,包括主谓搭配、但不包括并列搭配。从组成成分间的制约程度讲,包括自由搭配和非自由搭配,但不包括固定搭配。这里所谓非自由搭配是指词与词的结合虽受到一定限制,但各组成成分仍保持其独立意义的搭配。从制约的性质讲,包括受语义制约的搭配、受词汇制约的搭配和受语法、修辞制约的搭配。

俄语教学词典不收并列搭配,这是因为并列搭配一般不构成学习上的困难。即使是不同类的词,只要表达需要,都可以结合,几乎没有什么限制。但是主谓搭配则不然。用作主谓语的词的结合不是任意的,常常要受到语义、词汇和习惯的限制,如 есть 作"刺激"讲,能充当主语的只有表示"烟、气味、尘土、灰"的词,而不能用表示"光线"等意义的词。великий 表示"过于肥大",作谓语时只能用短尾形式,主语只能是表示"衣着"的名词,如 костюм, платье, пальто, шляпа, туфли, ботинки 等。如果按照现代俄语语法不承认主谓搭配是词组,词典不收这类搭配,那么很多词的词义和使用范围就得不到充分的展示。至于不收固定搭配(如 лёгкая рука кого – л. 某人手气好),那是因为它的组成成分及其安排情况都是历史上的既成事实,意义和用法已经定型,同构成它的词的原义和用法相去较远,收它无补于对条目词的理解和运用。而且要学会使用固定搭配,只提供译文和一两个例句是不够的,还需要对它的意义、用法和修辞色彩作全面的说明。

为了避免同义类搭配多余重复,排除对某些搭配形式可能产生误解,使读者对一个词的搭配能力有个整体认识,在搭配例证前的"注释"一项中写有关于条目词搭配范围和规律总的文字说明。

二、选收搭配的标准

哪些搭配该收,哪些搭配不该收,在词典编纂过程中常常争得相持不下。为了在实际工作中大体取得一致,可以根据词典的目的和搭配在词典中应起的作用拟订这样几条标准:

(1)**典型性**。一个词的搭配数量可能是很大的,特别是自由指名意义的搭配几乎没有极限,如说明颜色、重量的形容词,凡是有其特征的名词都可与之搭配。词典不可能也没有必要全部收入。对掌握词来说,重要的不是词的搭配的总体数量,而是词的意义和它的搭配方式及规律。因此选收搭配时,首先应该挑选那些对说明条目词词义、使用范围和搭配规律有典型意义的搭配。比如 гудеть(嗡嗡响),首先可以考虑收 комары ~ ят(蚊子嗡嗡叫)、гром ~ ит(雷声隆隆)、колокол ~ ит(钟长鸣)、трактор ~ ит(拖拉机突突地响)、телефонные провода ~ ят(电话线呜呜响)、лес ~ ит(森林呼啸)、вокзал ~ ит(车站闹哄哄)等这样一些搭配。它们把动词的词义具体化了,使之更加明确。又如 ходить(走,行),主要应该收的不是表示 ~ куда(往哪里去)、~ откуда(从哪里来)的搭配,而应该着重收那些能够说明它的"不定向"特征的搭配,如 ~ взад и вперед(前后走)、~ туда и обратно(来回走)、~ по кабинету(在办公室走来走去)、редко ~(很少来或去)等。

不说明条目词词义和用法的自由搭配,要少收。如 август(八月)

词条中的 письмо от пятого ~а（八月五日的信），план на ~（八月份的计划），зарплата за ~（八月份的工资），приехать первого ~а（八月一日来），Быть где-л. весь ~（整个八月待在某处），дождаться ~а（等待八月来）等搭配，可以不收。这些搭配形式都不是条目词的特点，对说明词义也无帮助。

同一义类、同一联结方式的搭配应避免不必要的重复，如收了 август текущего года（今年八月），就不必再收 ~ этого, нынешнего, прошлого, будущего, следующего, 1967, 1894 года（这一年、今年、去年、明年、下一年、1967、1894年的八月）。语义不明朗、不好懂的搭配不收，如 мужественный возраст。

（2）**条件的制约性**。词和词的结合都不同程度地受到语义、词汇、语法或修辞等方面的限制。但是有些限制是稍识俄语的人都知道的，如不能说 железная пшеница（铁小麦），хороший читать（好的读）等；但有些限制却不是正常的逻辑思维所能推知，不是一般的形态、句法范畴所能概括的。比如，可以说 ехать морем, океаном（走海路），却不能说 ехать рекой, озером（从河上、湖上走）。可以说 боль в груди（胸口痛），也可说 грудная боль，但"牙痛、头痛"只能说 зубная боль，головная боль，而不能说 боль в зубах, боль в голове。"手痛、脚痛"恰恰相反，又只能用 в чём 的形式，而不能说 ручная боль, ножная боль。вороной（黑色的）与 чёрный 同义，但前者只能和 лошадь（马）、скакун（跑马）等少数几个词连用，而后者的搭配范围却要广得多。брать 表示"被某种情绪、感情所控制"时，可以和 злость（恼恨）、тоска（忧郁）、сомнение（疑虑）连用，却不能和 горе（痛苦）、печаль（忧伤）、радость（高兴）搭配，虽然它们在意义上是同类的。教学词典应该在这类搭配上多下功夫。最好能把条目词所受限制的性质和范围先用文字概述出来,然后再辅之以例证。

(3) **发展言语**。搭配不仅有明确词义、说明用法的作用,而且还有丰富语汇、提高说写能力的任务。有的条目词,从语法、词义的角度看并无难点,但它的某些搭配在日常生活中常用,而一般人又不会说或不善于表达,那么还是要收。如 телефон(电话),词义清楚,搭配形式也没有特殊的地方,但从发展言语出发,下列搭配应收:общественный ~(公用电话), домашний ~(家用电话), внутренний(内部电话), междугородный ~(长途电话), добавочный ~(电话分机), ~ с вызовом(传呼电话), ~ совещание по ~ у(电话会议), ~ занят(电话占线)等。同例还有:объявить остановку(报站), видеть в окно(从窗子看见), серьёзный не по годам(少年老成的), человек скромных потребностей(生活要求不高的人)等。

(4) **常用性**。不收怪僻的搭配,如 продать родную мать(出卖生母)。不收现代俄语中已经不用或很少使用的搭配形式,如 быть на деревне(在农村), служить в военной службе(服军役)。不猎奇,不把个别作家为描写特定人物、环境而偶尔使用的搭配收入词典。搭配中不要有方言词、古旧词、俚语词和过份专业化的术语、行话等,如 луна 词条中可不收 строение, масса, ось, рельеф, грунт, кратеры, плотность ~ ы(月亮的结构、质量、轴、地貌、土质、火山口、密度)等搭配。

(5) **搭配的代表面**。在条目词的搭配总体中,常见的搭配形式和不同题材、义类的词都应有所反映,要尽力做到代表面齐全。有些同义词之间的差别就包括搭配面的不同。比如 чинить(修理,修补),收了 ~ утюг(修理熨斗), ~ замок(修理锁), ~ выключатель(修理开关),~телевизор(修理电视机),~пишущую машину(修理打字机),就可以不收~водный кран(修理自来水龙头),~пылесос(修理吸尘器),~швейную машну(修理缝纫机)等。因为在意义上它们是同类的,都表示一种不复杂的机械物,而这也正是чинить和исправлять,ремонтировать不同的一个方面。

另外从搭配的译文看,也要注意代表面。如果条目词在搭配中的译文不同于词目译文或条目词在其他搭配中的译文,而这种译文又带有一定的普遍性和启示性,那么这种搭配要收。比如музей的词目译文是"博物馆,展览馆",但当它和某些处所名词连用表示某人生前住过或工作过而现在用作参观瞻仰的场所时,却要译作"故居",像музей-дом,музей-кабинет,музей-квартира等。如果不收这些搭配,"故居"的译文就反映不出来。

在挑选搭配的过程中,要注意汉语词的搭配习惯对读者掌握俄语词的搭配的影响,要加强两种语言的对比研究。对可能发生误解的搭配,不但要收,而且附上注释。如постное масло(素油,植物油),在俄语中主要指葵花子油,而在汉语中则指菜籽油。

三、搭配的排列方法

《俄语词的搭配教学词典》①基本上按语法形式排列搭配。以条目为名词作例,它的搭配序列如下:

---

① 《俄语词的搭配教学词典》原名为учебный словарь сочетаемости слов русского языка,由П. Н. Денисов和В. В. Морковкин主编,1978年"俄语"出版社出版。

1) 形容词——条目名词
2) 条目名词和另一名词构成的并列搭配
3) 条目名词—同位语
4) 条目名词—动词不定式

5) 条目名词—名词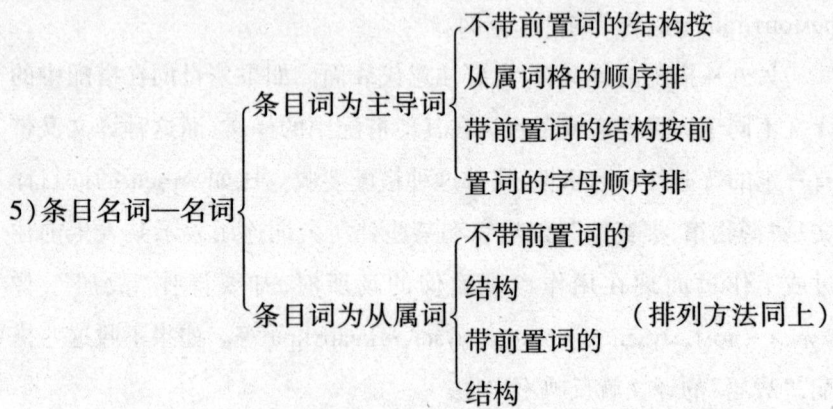

6) 动词—条目名词 { 不带前置词的结构按二、三、五、六格的顺序排列
带前置词的结构按前置词的字母顺序排列,
如前置词相同,则按格的顺序排列

7) 条目名词—(作谓语用的)人称动词,短尾形容词、形动词

　　词典条目中的所有名词,不管词义如何都按这个格式排列。

　　如果把语义内容作为排列的标准,则首先考虑的不应该是搭配结构形式上的统一,而应该是词的意义。搭配的排列要有利于揭示词义。仍以词目为名词作例,可以不把"形容词—词目名词"放在首位,如 автор(作者),首先列出的搭配应该是:~ книги(书的作者)、~ произведения(作品的作者),~ статьи(文章作者),~ словаря(词典编者),~ пьесы(剧作者),~ картины(画的作者),~ скульптуры(雕塑品的作者),~ памятника(纪念碑的作者),~ проекта(方案的设计

人），~ письма（写信人），~ изобретения（发明人），~ предложения（建议的提出者），通过它们把词义范围勾划出来，使读者明确哪些作品的人可以称为 автор。然后，再列出"形容词—词目名词"搭配：молодой，опытный，популярный，древний，начинающий，зарубежный ~（年轻的、有经验、受欢迎的、古代的、初学的、外国的作者），从不同的方面限定作者的特点。当然，也不排除可以把"形容词—词目名词"搭配放在首位，如果它能说明词义的话。比如 масло（油），可以把 растительное ~（植物油），животное ~（动物油），сливочное ~（奶油），соевое ~（豆油），хлопковое ~（棉籽油），подсолнечное ~（葵花子油），кукурузное ~（玉米油），коровье ~（牛油），смазочное ~（润滑油），эфирное ~（香精油），минеральные ~（矿物油）等搭配放在最前面，但也不宜像《俄语词的搭配教学词典》那样，把 хорошее ~（好油），свежее ~（新鲜油），вкусное ~（味美的油），прогорное ~（哈喇了的油），топлёное ~（炼过的油）放在上述搭配的前面。

　　按语义排列搭配，还要求在同一形式的搭配中把那些题材、意义接近的搭配放一起。如在"动词—名词"搭配中要把动物名词和非动物名词分别放在一起，而在动物名词中又要把表示人、畜、兽、禽的名词分别放在一起。

　　上述两种排列方法，各有利弊。较适当的方法是两种方法交叉使用，但以语义标准为主。在服从揭示词义的前提下按结构形式的不同排列搭配，而在结构形式相同的搭配之中又要把题材、意义相近的搭配放在一起。这虽然是个技术问题，但对提高词典质量，更好地发挥搭配在词典中的作用也不无影响。

　　　　　　　　（原载《辞书研究》1982 年第 5 期）

双语词典词目的翻译问题

翻译的一般标准,是翻译理论研究的一个中心课题,始终受到普遍的重视。但是,人们却往往忽略对这个一般标准在具体翻译中的具体化的研究。殊不知,在不同性质、不同语体作品的翻译中,一般标准并不总是具有相同的内容和要求。比如,"我们总想找出翻译准确性的具体标准,但是,一接触翻译的实际,便会相信,准确性的标准是随着翻译的目的、原文的性质以及译文的读者而有所不同的。因此,最好是根据文章(文学、论文、应用文)的性质,来分别研究准确性的具体标准"。(索伯列夫,见《俄文教学》1951 年第 1 期第 42 页)本文正是基于这种认识,试图对双语词典词目的翻译问题作一初步的探讨。

词典词目翻译和一般语言作品翻译之间的差别,比之于不同语体作品翻译之间的差别,属于另一种性质的对立,即语言翻译和言语翻译的对立。词目翻译要解决的是语言范畴的事,而言语作品翻译所解决的则是言语范畴的事。不同语言的作品,尽管内容性质、目的作用不同,语体修辞特点各异,但都是运用语言的结果,是个人的产物;而词典中的词目词则是该语言词汇系统的要素,是从无数的语言事实中抽象和概括出来的,是社会的东西。差别决定特点,用同一个标准去要求和衡量不同性质的翻译就是抹煞差别,是不科学的,不利于翻译实践和理论的发展。

词目翻译和言语作品翻译的差别首先表现在：言语作品翻译的对象是话语，它以句、段为基本单位，而词目翻译的对象则是一个个孤立的词或字，虽然也要考虑到该词在整个词汇系统中的地位以及它和其他词的关系。言语作品翻译的主要目的在于传达原作的思想内容、人物形象、艺术意境、情感和风格等，而词目的翻译则在于揭示词所表达的概念实质、语义范围和语体修辞特点等等，不考虑它在一定上下文中可能产生的个人特点和用法。因此，对言语作品的翻译来说，重要的不是个别词的等值，甚至不是单个句子的等值，而是全文的等值。我们评价一段译文的质量，主要是看整段话的价值是否相等。在言语作品的翻译中，为了求得整体的等值，译者在译文中可以改变原文中词的词类属性，如把名词译为动词，把修饰名词的形容词译为修饰动词的副词等；也可以在译文中增添原文中所没有的词语或略去原文中的个别词语不译。如把"慢慢的，她就成了人们闲谈的资料"译为"Постепенно все разговоры сосредоточились на ней"（《青春之歌》俄译本，О. Васькова 译），少了"资料"一词。又如《青春之歌》的另一句，脚夫问林道静："我说，你这是来干么来啦？怎么一个人？避暑的？"译文是：Ты лучше скажи, зачем сюда приехала? Почему одна? На дачу, что ли? 而所有这些作法，在词目译文中一般都是不许可的。词目译文要求的是词的等值，词义的等值。在词目翻译中，名词通常都要译成名词，动词要译成动词。

词目翻译的这一原则，要求译文能完整地、恰如其分地反映原语词义的内涵、外延，语体特征和修辞色彩等，而不允许在译文中加进或减少原语词义所没有或已有的义蕴，扩大或缩小原语的词义范围。

但是应该指出,光靠译文做到词目翻译的完全准确是很难的。因为"一种语言的词在绝大多数的情况之下并不是简单地跟另一种语言的词相当,而是相互之间处于极其复杂和多种多样的关系之中",(Л. В. Щерба,《俄法词典》第二版序言)能够找到等值翻译的词只是少数。比如 вата 在《现代俄语文学语言词典》中的解释是:"从棉花或其他纤维物质中提取的毛茸茸的松软的材料,可用于生活、医疗和技术",《俄汉大辞典》译为"絮棉,絮,棉花"。如果我们把这几个译文的意思和 вата 的定义对比一下,就会发现它们是不完全对应的:"絮棉"比 вата 的词义要窄,它把材料局限在棉花一类,而 вата 还可以是丝的、玻璃的,如 шёлковая ~,стеклянная ~。"絮"又比 вата 的词义宽,它除表示纤维絮外,还可指柳絮、芦絮等一类像絮的东西。至于汉语的"棉花",词义则更宽广,它可表示包括俄语 хлопок 在内的多种意思:"棉花作物,籽棉,皮棉,絮棉"等。

由于语言的民族性和翻译的局限性,词目译文不准确的现象在许多词典中都普遍存在。例如:①用概念小的词译概念大的词,把"грамота"译为"识字"。实际上它的意思是"读写的能力",相当汉语"学习文化"中的"文化"二字。②用概念大的词译概念小的词,把"подбирать"译为"挑选,选择",把"государство"译为"国家"。实际上前者着重指"按一定的标准"进行挑选,后者只指"政治上的"国家。③以偏代全,把"восстание"译为"起义",漏掉"暴动"一层意思。④曲解词义内涵,把"молодец"译为"青年好汉"。据俄语词典解释,молодец 的意思是"статный, сильный, бравого вида, крепкого сложения молодой человек",指体格匀称,健壮威武的年轻人,着重人的外貌,而"好汉"在现代汉语中表示"勇敢坚强的男子",主要说人的品质。⑤把动词的词汇意义和语法意义混在一起,当词目词是完成体动词时,就在译文中加进表示行为完成意义的词,如 купить——"买到",подготовить——"训练好"等。其实,完成体和未完成体是一个动词的两个不同的语法形式,就像一个名词不同的数或格的形式一样,它们的词汇意义应该是一致的。体的意义是语法意义。如果由于体的意义影响而产生了新的词汇意义,那就应另立义项或条目作为两个单位处理。俄语动词体的意义十分丰富,完成体除表示"完成"之外,还可表示:行为的开始,瞬间、突然、一次的行为等许多意义。未完成体也有许多意义。要把所有这些意义全部写入每个义项的译文既不可能,也无必要,只会造成误解和混乱。⑥译文的语体、修辞色彩与原语词义的相左,如把俄语通用动词 веселиться 译为汉语书卷语词"行乐",用汉语中性动词"死"译俄语动词 издохнуть(指人)<粗、俗、卑>。

在词目翻译中,要特别注意词义部分对等的词,因为它常常给人一种"等值"的假相,而容易使人放松对它们之间差异的注意。解决的办法就是译文前后加上适当的注解,如 проявлять——表现(人的内在品质、才能、天资等),стиратв——(搓、揉)洗等。

词目译文的另一个特点,是它的概括性、典型性和启发性。它应能帮助读者抓住词义的中心和实质,开导索解词义的思路,从而达到能使读者举一反三,根据不同的语境自己找出或创造出词典中所没有的具体译法来。把一个词在各种上下文中可能出现的译文全部罗列出来,或者不分主次,把它在个别情况下使用的具体译文当作概括性的译文提供给读者,都容易模糊词义的本来面目,使人反而抓不到中心。比如 играть,和不同的名词搭配(如 ~ в футбол, в баскетбол, в шахматы, в карты, в салки 等），可以译成：踢（足球）、打（篮球）、下（象棋）、玩（老鹰捉小鸡）等，如果词目译文只列举这些具体译法而不指出它的概括性译文："玩（球、棋、牌等），作……游戏"，读者就会疑团骤起："用右脚踢球"、"打赌"中的"踢"和"打"能否也可译成играть？实际上，译文的概括性愈小，愈容易造成释义上的漏洞。《俄汉大辞典》一共给了новшество 九个译文："新办法；新东西；新习俗；新气象；新制度；新发明；新现象；革新，改革"，但由于没有一个较为概括的译文，所以读者对这个词的词义还是若明若暗。новшество 的意义并不等于这九个译文意义的相加，在其他场合它还可以被译成"新措施，新创造，新设备，新发现"等等。而译文"改革"则更缺乏一般性，容易引起误解。

我们强调词目译文的概括性特点，并不是一般地反对提供具体译文，而只是说：作为词目译文首先应该尽可能地选择较为概括的译文，然后如果有必要，再辅之以具体的译文。但即使是具体的译文，也要考虑到它的常用性和典型性。当然这里所说的概括，是以原语的词义为依据的，超出原语词义范围的概括，那就是荒谬了。

词目译文也要求通顺。但这同样只就译文词本身而言，不像言语作品的翻译，评价通顺还涉及到整个句段。通顺的标准，要求词目译文必须醒豁、明快，概念清楚，符合汉语规范，反对用词生僻、晦涩、概念含混，词不达意或者杜撰新词。例如把возобновить 译为"重行"，如果不查原语词典，就很难猜出它的意思是"重新进行中断了的事情"。又如把метельщик 译为"扫除人"，也不符合汉语习惯。

解决词目译文质量的最好途径，是广泛收集优秀的俄汉互译，尤其是俄译汉作品中的范例。"成功的翻译不是'编纂'出来的，而是

'创造'出来的。优秀的作家们把外国文学作品译成本族语,他们出色的翻译是一种创造。为了编纂一本完善的俄法词典,首先应该用卡片登记一系列俄罗斯文学的标准翻译……和许多关于现代苏联生活的法国优秀的作品。"(Л. В. Щерба)

至于"雅"的标准,对词目译文来说是否存在?以及如何体现?尚待继续研究。

这就是我们对双语词典词目翻译的一般特点及其标准的总的看法,不当之处,请大家指正。

(原载《中国翻译》1986 年第 3 期)

双语词典中的词例翻译

翻译在双语词典中主要涉及两个部分:词目和词例。词目和词例是词典中两个紧密相关而又性质不同的单位,对它们的翻译需要采取不同的原则和方法。探讨这些原则和方法,对提高词典译文质量,丰富和深化翻译理论无疑都会带来好处。

一

词目译文在词典中的主要作用,是揭示该词在原语言符号系统中的所指内容,翻译只不过是一种手段。译文在这里大体相当于原语词典中的释义。因此,意义的等值对词目译文来说是第一位的、头等重要的。当目的语中找不到与原语词义相对应的现成译文时,双语词典的编者就常常采取颇为累赘的描述词义的办法(通常是把原语词典中的释义翻译过来),或者采取译文加注解的办法。比如《大俄汉词典》把 наесться 译为"吃得撑坏肚子,吃出不愉快的后果",把монитор 译为"小先生(18 世纪末 19 世纪初许多国家的互教学中帮助教课的高年级学生)"(第 436 页和 986 页),基本上就是《现代俄语文学语言词典》对这两个词的注释。决不可为了迁就译文而损伤原语词的词义。

但是另一方面,词目译文也是读者进行外语——本族语翻译的助手,因此译文本身也可以说是词目翻译的目的。词典应尽可能地为读者提供该词在一般情况下常用的典型的现成译文。

二

词例是词目词在句子中的具体运用,词例译文的作用就是使词目译文具体化。这里具体化主要有两个方面的内容:一是通过词例译文进一步展示词目词词义在各种不同语境中的延伸、意味、色彩和形象等;二是把词目译文具体化,通过词例译文检验、补充和丰富词目译文,使难以用对译表达的词目意义在词例中得到翻译上的表现。具体化实际上就是词例翻译中的再创造。

(1)词目译文反映的是该词在原语中所代表的某一客观事物概括的本质的典型特征,但并不是事物的全部特征。而词目词在句子中所反映的却是事物的个别的具体的,甚至是非本质的特征,这些个别的具体特征有时恰恰是词目译文所没有包括的。例如俄语 вздыхать,词目译文是"进行深呼吸,叹气,叹息",但在高尔基作品的句子中:"Гроза была там, сзади них, над лесом, а тут сияло солнце, **вздыхала степь**, …"它突出的却并不是呼、吸或叹气、叹息,而是由这种动作所引起的形体变化。巴金译为"在那里,在他们的后面,在林子的上空还有雷雨,可是在这儿太阳发出了灿烂的光辉,草原一起一伏,好像在呼吸……"可谓生动传神,既信又雅。

所以要译好词例,最重要的是把握住词目词的实质意义,并在此基础上根据上下文发挥译者丰富的联想能力,进一步去体会、揣摩它的具体所指,从而创造出恰当的新的译法。不动脑筋、懒于思索,一味地墨守词目译文,最省力气,但也最易出错。比如有人照搬 дорожить 的词目译文"重视,珍惜",把"Партизан никогда не дорожит своей личной жизнью. Он никогда не ставит свою жизнь выше счастья родины."译为"游击队员从不珍惜个人的生命,他永远不会把自己的生命置于祖国的幸福之上。"这前一句译文显然歪曲了原义,有悖常理。实际上只要我们分析一下该词的词根意义,抓住它的基本含义:把某事物当作珍贵的东西一样爱惜、看重,就不难找到一个变通的译文,如"游击队员从不把自己个人的生命看得过重"。

有时在一个词例中会出现几个同义词并用的情况,这就更需要慎辨其异。同义词一般都可以互相代用(如 избрать 和 выбрать,选举),但如果在一个句子中同时出现,它们却又往往是异彩分呈。要是只见其同,不了解其异,用同一个词目译文翻译下面的句子:Я теперь и агроном и секретарь партбюро – это верно. Было у нас собрание, и меня **избрали** или **выбрали** – это всё едино."就会使读者莫名其妙。拟订译文:"我现在既是农艺师,又是党总支书记,这不错。我们开过会,至于我是正式选举产生的还是大家推举出来的,这都是一回事儿。"

(2)句子是一个交际单位,是由一定的人在一定的场合为了一定的目的把词按照一定的语法规则组织起来的。它是一个整体。一个句子的意义并不等于组成这个句子的每个单词的意义的简单相加,甚至也不是单纯的语言结构意义。它是词汇和句法相结合的产物,是语言因素和非语言因素的综合产物。

词目进入词例以后,便相对地失去了原有的独立性。它在句子中的具体意义不仅与它本身语法形式的变化有关（如俄语动词的体、形容词的长短尾、名词的数和格等），而且要受到句子中其他词及其组合方式的影响。试比较 запах（气味，味）、рюмка（酒杯）在不同搭配形式中的意义变化：

①Вредно кушать **мясо с запахом.**（吃变了味的肉是有害的）

Кухня насыщена **запахом мяса.**（厨房里充满了肉香味儿。）

②рюмка вина（一杯酒），рюмка 指酒的数量，重点在 вино——рюмка с вином（斟有酒的杯子），中心是 рюмка，指酒杯。因此可以说 выпить рюмку вина，却不能说 выпить рюмку с вином。

所以，对词例翻译来说，重要的不是个别词和词义的等值，而是句义的等值，整个句子功能的等值。在词例翻译中，追求个别词的等值常常是文理不通或者歪曲原义的一个重要原因。

为了求得译文与原语句子在整体上的等值，词例翻译必须遵循局部服从整体、较小单位服从较大单位的原则，对原语句子的诸成素进行各种转换和调整（如词类转换、句子成分转换、词序调整等），运用增译、简译、略译、倒译等多种方法，使其在目的语中得到恰当的反映。

（3）句子的使用总有一定的语境和目的。为了取得满意的交际效果，说写人必须考虑交际的对象，说写的时间、地点、内容、环境和方式等等。而这些因素不可避免地都会影响到言语的性质、语言材料的选择和话语中各种成分的相互关系。不同的语体为不同的交际目的服务，不同的交际目的和条件形成了不同语体在遣词造句方面的许多特点。例如，科学语体的特点是"叙述的抽象概括性和高度的逻辑性"，而艺术语体的特点则是"艺术的形象的语言具体化"（М·Н·科仁娜）。在科技语言中词主要表达的是概念，而在艺术语言中词所表达的主要是形象。因而在文学作品的翻译中,"艺术价值重于语文价值","和谐和富于表现力要比细节上的精确性更重要"(马泰休斯)。有一位从事文学翻译的同志曾经把他的译文拿给巴金先生看,巴金看后说:"你译得太死,只能作汉英对照。作为文学作品,并没有真正把文学味道翻出来。"语体差异对语言作品翻译质量的重要性由此可见一斑。有时,忽略语体特点还会造成误译,如:俄语形容词短尾在艺术语体中表示暂时的状态或特征,但在科学语体中广泛用来表示经常的特征,等等。

三

词例可能来自各种语体,但词典毕竟是语言学著作。帮助读者理解和使用词是词典的主要任务,是词典处理一切问题的基本出发点。从语言学角度看,词例翻译的侧重点应该是反映原文和译文两种语言在词汇范畴和语法范畴上的对应关系。这就有了矛盾。解决的办法是:在保证忠实地传达原语句义、译文通顺、规范的前提下,把词典使用的科学语体和文学艺术等其他语体恰当地结合起来,既要考虑到词例本身所属的语体特点,同时也要尽可能地照顾到语言学翻译的要求。不要为了追求华丽的辞藻,为了语言形象、生动而滥用修饰语,添枝加叶,造成译文和原文的语言距离过大,不利于读者理解和掌握词目词;也不要为词目译文所绳墨,不顾词例语体特点,用词千篇一律,生搬硬套原文的语言形式,造出不规范的、欧化式的句子来。如果此论成立,在我们看来,下列词例的译文还有商榷的余地:

①Помните всегда солдатскую поговорку："**Винтовка любит ласку，чистоту и мазку.**"要记住战士们的一名口头语："爱护手中枪，枪就听使唤，勤擦勤上油，用时不发愁。"（后句似应译成：枪要常保养，勤擦勤上油。）

② Употребление тех или иных предложений должно **сопровождаться правильной расстановкой знаков препинания**. 使用各种句子应伴以正确的标点符号。（似宜译为：使用各种句子应该正确地标上标点符号。）

下面几个句子均有两种译文，有人认为从文学语体的角度看第一种译文好，但我们认为作为词例第二种译文更合适一些：

①Весна на дворе. Всё вокруг кричит жизни.

大地回春，万物欣欣向荣。

春回大地，周围的一切都在呼唤生命。

② И пронзительный свисток прорезал влажный утренний воздух.

一声刺耳的气笛声划破了薄雾笼罩的晨空。

一声尖厉的气笛声划破了早晨清新的空气。

③ Возвратился сын с фронта , мать бросилась обнимать и целовать его ,не помня себя от восторга.

母亲跑上前去拥抱他，吻他，高兴得忘乎所以。

母亲跑上前去拥抱他，吻他，高兴得把什么都忘了。

概括说来，词例翻译要受两个因素的制约：一是词例在词典中的作用，一是句子作为一个完整的交际单位本身所具有的特点。从此出发,词例译文首先应在整体上与原语句子的意思、色彩等值,另外也要尽量反映出词目词在句子中的意义和作用。词例译文既不是纯科语体,也不能完全用文学等其他语体的标准来要求。

(原载《外语学刊》1988年第6期)

谈教学词典例句的数量

在所有谈到词典例证标准的专著和文章中,几乎都很少涉及到例证的数量问题。这可能是因为:①认为数量问题无足轻重,多一点儿少一点儿都无伤大雅,无损全局;②例证的数量因词因义而异,不好确定出一个统一的标准来。其实不然。从词典编纂实践的结果来看,有一个数量标准还是比没有的好,即使这是一个比较笼统的标准。例证数量的多寡必然会影响到词典的质量,数量中包含有质的因素,质也要有一定的量的保证。

在语文词典里,例证的数量主要取决于词典的规模和目的。一般说来,大型的词典例证多,小型的词典例证少;供理解语言使用的词典的例证少,供运用语言使用的词典的例证多。阿尔—卡西姆在《词典编写和评价的标准》中对例证提出的第一个要求,就是每个词义下面应该有一个例证。"约翰逊词典最辉煌的成就是它那18000条范例。"例证通常总能够为条目词补充一些新的信息,完全没有例证就会严重影响词典的质量。

教学词典是语文词典中一个特殊的类型。它收录的词目都是语言中常用而又有一定难点的词,目的主要在于解决词的灵活运用问题,因此它的例证数量必然会多于一般语文词典。但是以多少为宜呢？是否如某些人说的"越多越好"呢？

最近，我对北京外国语学院编的《俄语常用词词典》①和四川外语学院编的俄语教学词典"O"字母部词条例句的数量作了一个粗略的统计和对比，具体情况如下：

《常用词词典》共收词113个，包括251个义项，举例1798条，平均每个义项的例句为7.2个。例句在13个以上的义项有10个，最多的是 оставить 义项1为17例；例句最少的义项有4个，每个义项2个例句。

《教学词典》共收词261个，包括458个义项，举例5488条，平均每个义项接近12个例句。例句在20个以上的义项有25个，最多的是 остаться 义项1为32例；例句最少的义项有3个，每个义项4个例句。

可以看出，无论是义项例句的平均数还是个别词词例的最高数，《教学词典》都超过《常用词词典》。而且有些义项例句数量，差距是很大的，如：

词　目（义项）	例句数量（个）	
	《教学词典》	《常用词词典》
одежда（衣服）	20	7
обходиться（对待）	20	4
очередь（队、队列）	19	3
ошибка（错误）	19	7
обыкновенный（普通的）	13	5

---

① 该词典虽未冠教学词典之名，但就其实质内容来说，也应属教学词典之列。

《教学词典》每个义项例句平均数比《常用词词典》几乎多到5个。如果以整个词典的收词量为3000、每个词分两个义项计算,那么前者的例句将比后者多30000条;而每个例句(再加上译文)以20个词计算(实际上不止这个数),则三万条例句就有六十万个词!这六十万个词即可印成一本不小的书啊。由此可见,例句的数量问题决非无足轻重,而是事关重大!

我们应该如何看待12∶7.2这个数字呢?是12个例句比7.2个例句好,还是7.2个例句合宜,或者是两者都不合适,应该另有一个标准?离开例句的质量分析,这个问题是说不清楚的。例句的质量主要表现在两个方面,即它所提供的信息的数量和质量。从信息的数量出发,能为词目补充更多的新信息的例句,就是好例句。尤其是教学词典,例句不能只起证明词义及其用法客观存在词证作用,它应该通过一定的语言环境向读者进一步展示词的语义内涵和外延、文化背景、使用范围、语法特点以及语体修辞等特征。如果例句空洞无物,只是单纯地重复注释、译文、搭配等项目的信息,那么这样的例句即使只有一个,也是多余的。如果每个例句都有新的内容,那么量多自然要比量小好;但即使如此,也还有一个好中挑好的问题,不能说越多越好。

一般说来,例句数量多,提供的信息也多。比如 одежда(衣服),《教学词典》的20个例句就比《常用词词典》的7个例句包含的信息多:例⑮、⑯进一步指明了词义的外延(Их национальная одежда состоит из цветного халата и особенной шапки. 他们民族服装是一件花袍子和一顶独特的帽子)。例⑰⑱指出了复数形式的用法(зал, проходы и перроны быстро наполнялись людьми. Пестрели лица, волосы, одежды…大厅、走道和月台很快挤满了人。面孔形形色色,头发各式各样,衣服花花绿绿……)。例⑤和⑳表明了词的引申意义(Слово—одежда всех фактов, всех мыслей. 词语是一切事实、一切思想的外衣)。

但是应该指出,我们在众多用例中遇到的更为常见的现象是例句多得不尽合理,其中有的例句只是**搭配的简单扩展**、**改换或重复**,比如在остаться(留下)的32个例句中有十多个例句就是这种性质。试比较:

① { 搭配:осталось нас три брата.①
（只剩我们兄弟三人了。）
例句:…отец ушёл на фронт, осталось три брата, сестра и мать.
（……父亲就上前线去了,剩下我们兄弟三人,妹妹和母亲。）}

② { 搭配:осталось только два билета.
（只剩两张票了。）
例句:В спальный вагон осталось только два билета.
（卧铺票只剩下两张了。）}

③ { 搭配:остался один.
（只留下一个人。）
例句:—Я теперь остался совсем один,—закончил Олег свой рассказ…(现在就剩下我一个人了,——奥列格讲完时说……) }

有些是**例句和例句**的结构信息雷同,如курсы(学习班)共有10

---

① 本文以下所引例句,除注明者外,均取自俄语教学词典。

个例句,其中有 4 对的搭配基本相同。试比较:

例③和例⑦:Окончив медицинские курсы, она уехала врачом в деревню(她在医疗培训班结业后就到农村当医生去了。)——Окончив кратковременные курсы иглоанастезии, они успешно применяют её при операциях.(他们在针刺麻醉短训班结业后,成功地将针刺麻醉运用于手术。)

例⑤和例⑧:Поступил я на курсы иностранных языков. Учёба шла довольно быстро.(我进了外语学习班,学习进度很快。)——Когда Лю Хулань было 13 лет, она ушла из дому, чтобы поступить на курсы пропагандисток.(刘胡兰十三岁时就离开家,进了女宣传员训练班。)

例句应该带有示范性质,必须尽可能地做到典型、概括,孳生能力强,能启发人思考。教学词典的读者主要是俄语老师和大专院校的俄语专业学生,都具有一定的俄语知识和抽象类推能力,只要有了词的搭配模式和框架,他们就能够举一反三,把搭配扩展成句或创造出类似的句子来。另外,搭配和例句作为例证的两种形式,各有其长短。搭配短小精干,鲜明醒豁,概括力强,而例句结构、意义完整,语境宽广,能更加准确、细腻地表现出词的意义和用法。词典编者的任务就是要扬长避短,根据每个词的特点决定性其举例的方式,不能一刀切。有些词可以只给搭配不给例句,或者只给例句不给搭配;有些词可以搭配、例句并用。能够用一个例句解决的问题则不用两个例句,能够用搭配解决的问题不用例句。比如某些名词和形容词,特别是关系形容词和意义单纯的名词,有了搭配就可以不要例句。我们看不出"Вы будете иметь возможность получить информацию о чистке, которая предпринята в министерстве иностранных дел, а также в министерстве просвещения"(你可能会得到有关外交部及教育部在搞清洗的情报。)这个例句对掌握条目词 министерство(部),较之搭配"министерство иностранных дел"(外交部)、"~ просвещения"(教育部)有什么更多更好的帮助吗？像 иностранный(外国的)、белый(白色的)、окно(窗子)、отдых(休息)等词,已经有了 55、35、50、65 个搭配,何必再列出 13、11、16、23 个例句？这样做反而是个累赘,容易使人厌烦。即使像 одержать(取得)这类动词,连用的名词有限,意义、用法简单,只给搭配也就够了。试比较：

搭配：одержать большую победу.（取得巨大的胜利。）

例句：Мы одержали большую победу, но это только начало.（虽然我们取得了巨大的胜利,但这仅仅是开始。）

合并义项是造成例句多的另一个原因。如 обстоятельство、обслужить 在所有的俄语词典中都分为两个义项：обстоятельство 的第二个义项只有复数形式（第一个义项单、复数都用）,泛指客观环境、条件、状况等；обслужить 的第二个义项,补语既可是生物名词,也可是非生物名词。《常用词词典》把它们合并为一个义项,因此例句超过该词典每个义项例句平均数一倍,分别为 16、13 个。动词 обладать 在所有俄语词典中也分为两个义项,一指拥有物质、精神财富,一指具有某种性格、品质、特性等,而《教学词典》把它们合并为一个义项,因此例句多达 20 条。例句多而又排列不善,就会给读者一种模糊繁乱的感觉。相比之下,倒不如义项分开显得更加清爽,也切合语言实际。

造成例句多的第四个原因,是在说明词目本义的例句中**夹进了用该词组成的熟语的例句**。有时这种例句多到了"喧宾夺主"的程度,好像整个词目就是为它而立的。例如"бог"（上帝，神），共收例句 29 个，其中有 26 个就是含有由它构成的不同熟语的例句，如 бог знает, бог весть что, дай бог 等。熟语和组成熟语的各语言成分，应该说是不同的词汇单位，熟语的意义和用法并不等于它的各组成部分的意义和用法的相加。因此，熟语的例句无助于对词目本义的理解和运用。其次，熟语一般并不十分常用，收录它有悖于教学词典的收词原则；更何况熟语的掌握往往不是几个例句所能解决的。有些熟语从字面上还可以看出它的意义和用法，如 ради бога（请看在上帝份上）。бог с кем（祝某人一切好），боже мой,（我的天！）等；而有些熟语即使有上下文也不一定能了解它的用法，如例㉕—Прощайте, Василий Николаевич, дай вам бог здоровья（здоровье）！（—再见了，瓦西利·尼科拉耶维奇，愿上帝保佑你健康。）例㉖Дай вам бог поболее встретить на пути вашей жизни искренних друзей.（但愿你在生活的道路上能遇到更多真挚的朋友。）

　　就一个例句本身而言，**句子长，字数多，信息少**，也是量多的一种表现。обращаться 的第 ⑫ 例：То положение, что правильное руководство способно влиять на превращение слабости в превос-ходство, становится ещё очевиднее, если обратиться к историческим примерам поражений, которые терпели большие и сильные армии, и побед, которые одерживали армии малочисленные и слабые.（如果看看强大的军队打败仗和弱小的军队打胜仗的历史事例，那么正确的指导可以影响优势劣势的变化这一情况就变得愈加明显。）全句共使用了 35 个俄语词（237 个印刷符号）、55 个汉字，只传达了该动词的一个搭配方式。又如 обращение 的第 ⑥ 例：Подобно тому как публикуют《обращение к населению》, следует заранее оповещать о заседании или совещании, чтобы каждый участник знал, какие вопросы будут обсуждаться и решаться, и мог заблаговременно подготовиться.(开会要事先通知。象出安民告示一样,让大家知道要讨论什么问题,解决什么问题,并且早作准备。)

在这一方面,好的例句应该是言简意赅,紧扣难点,字斟句酌,兼有多种用途,用尽可能少的词语表达尽可能多的信息。例如:

①Он не кичился, не считая себя лучше и умнее других.(他不自负,不认为自己比别人好,比别人聪明。)(副动词短语的内容,就是对动词 кичиться 意义的一种解释。)

②Дома и без того забот много, пекут, жарят.(家里的事本来就多,烤呀的,炸呀的。)(печь 和 жарить 说明 заботы 指的是生活琐事。)

③Враг сжёг всё в деревне, что способно гореть.(敌人把村子里凡是能点着的东西都放火烧了。)(通过 сжечь 和 гореть 的对比,说明了两个词的区别和 гореть 的词义内涵。)

④Если ты ищешь друга без недостатков, рискуешь остаться без друзей.(如果你想交一个没有缺点的朋友,那你就可能交不上朋友。)(寓意深刻,又指出了 друг 单复数的变化和搭配方式。)

可见,量多不等于质高,质高不一定量多;当然我们也不能反过来说,字数多、句子长的例句就一定不好。对于量的评定要以质的需要为标准。

但是一个例句的质量不管怎么高,都不可能全面反映一个词的所有特点,它必须表现于一定的量。例句不是词典可有可无的装饰品,而是词目的有机组成部分，不能依据个人的好恶随意增减，它应该有一个数量标准。虽然如前所述，例句的数量因词因义而异，不可能绝对统一，但是经过深入、细致、科学地调查、研究和分析，制定出一部词典每个义项例句的一般平均数并不是完全不可能的。有了标准，就有规可循，不至于失去控制，导致例句的畸轻畸重。比如我们要确定双语教学词典例句的数量标准，不妨先从统计中外主要教学词典例句数量开始，然后再进行抽样分析，取得有关的多种数据，并在此基础上结合我们词典的特点和要求定出一个大致的数字来，这应该说是可以做得到的。

关于俄语教学词典每个义项的例句数量问题，我们以为如果能克服上述我们所认为的缺陷，12个例句恐怕是多了。至于7.2个例句是否合适，考虑到苏联《俄语词的搭配教学词典》平均每个义项不到两个例句，《现代俄罗斯文学语言词典》每个词目（不是词义）只有3.2个例证，德语《杜登大词典》平均每个词目4个例证的情况，也很难说就是理想的标准数。是否还可以再少一点儿？

收集例证是词典编纂中费力最多而又不容易令人满意的一项工作。本文无意对某部词典的例句指手划脚，提出责难，而只是想通过一些实例说明，在词典的例证设置上应该有一个数量标准。至于这个标准如何定，还可以继续探讨。

（原载《辞书研究》1985年第2期）

俄语词的搭配和搭配词典

一、俄语词的搭配

（1）语言通过言语而发挥作用，要想运用某种语言交际就必须具有把该语言结构用于言语实践的能力。同样，要想学会使用一个词，就不仅要知道它在该语言词汇系统中的语义、语法特点，而且还必须知道它在参与交际过程的潜在能力，它和其他词搭配的规则和习惯。不了解这些规则和习惯，就不可能把词组织起来形成连贯的言语，达到交际的目的。

但是，词的组合是一个十分复杂的综合性问题，它涉及到形态—句法、语义、词汇甚至修辞以及民族习惯等诸多因素。这些因素互为补充，相互影响，作用于词的搭配，使词的组合关系变得错综复杂，扑朔迷离。它们对搭配的影响通常又都带有个别的性质，不同的词具有不同的搭配特点，其中有些尚有规律可循，有道理可讲，而有些则完全没有理据，缺乏规律性，只能死记硬背。俄语动词 иметь 和 обладать （有，具有）同义，但前者的补语用第四格，而后者要用第五格。победить（战胜）、завидовать（羡慕；妒忌）的补语形式分别为 кого – что 和 кому – чему，但与之相应的同根名词：победа 和 зависть 的补

语却要用 над кем – чем 和 к кому – чему。汉语中"瘦"可以说人,也可以说动物,但"胖"只用于人,"肥"主要用于动物,说"人肥"则带有粗俗不敬的色彩。而英语"fat"却既可指人,也可指动物。从众多词的形形色色的搭配中,很难像语法那样总结出几条规则,而一条规则便可以概括成千上万的词和句的结构形式。词的搭配得一个一个地学,而且在学习过程中要不断排除本族语对外语的干扰和外语内部的种种干扰。"不了解词的搭配限制是外国人言语错误的最大根源。"(Р. И. 罗津娜)"有人统计,在学习第二语言时,通常可以在5年左右的时间内掌握全部句型,但是要掌握复杂的搭配关系,则非要持续不断地学习20年不可。"(Е. А. 奈达)

(2)词的搭配类型。词的搭配按照不同原则可以划分为若干类型:

1. 按照搭配的性质可分为句法搭配和词汇搭配。句法搭配指的是词与词在句法上的组合,是从语法角度谈词的搭配,涉及的是词的搭配方法、搭配形式、搭配框架。词汇搭配指的是词与词本身之间的组合,是从用词的角度谈词的搭配,讲的是词在搭配形式、搭配框架中的填充。如 читать(读)不能跟 какой(什么样的)结合是属于句法搭配范畴的事,而 читать 不能跟 земля(土地)结合则是词汇搭配的问题。

2. 按照搭配中主导词的词类属性可以分为:动词搭配、名词搭配、代词搭配、形容词搭配、数词搭配、副词搭配等。不同词类的词在语言中的搭配值是不等的。就各类词在词组层次上所表现出的组合能力来看,据统计,名词、形容词、动词是最活跃的词类,其次是副词和状态词。

按照从属词的词类属性,在上述分类的基础上还在再分出若干小类。如形容词搭配下还可分出:形容词—名词搭配、形容词—副词搭配、形容词—代词搭配、形容词—动词不定式搭配。副词搭配还可以分为:副—动、副—副、副—名等搭配。

3. 按照搭配组成要素的数量可分为简单搭配和复合搭配。简单搭配由两个实词构成,包括那些在形式上是三个实词而在语义上只相当于两个实词的搭配,如 девушка двдцати лет(二十岁的姑娘)。复合搭配由两个以上的实词构成。在复合搭配中主导词和从属之间的联系较之简单搭配要复杂得多,可以是一致联系＋附加联系(новая квартира со всеми удобствами 设备齐全的一套新房),支配联系＋附加联系(лов рыбы зимой 冬季捕鱼)或附加联系＋附加联系(лежать на диване с книгой 拿着书躺在沙发上)等。一般复合搭配中只有一个核心词,但在有的复合搭配中也可能有两个核心词,其中第二个核心词同时又是第一个核心词的从属词,如 хороший друг моего отца(我父亲的好朋友),отца 是 моего отца 中的核心词,但又从属于 друг。

4. 按照从属词使用的必要性可分为必需搭配和非必需搭配。必需搭配指的是主导词由于丧失了句法的独立性或其意义不充分、不完备等而不能单独使用,而必须使用扩展成分的搭配,如 беречь кого—что(爱护……),состоять в чём(在于,是……),выглядеть как(看起来显得……)等。非必需搭配指的是主导词能够独立使用,可以不要扩展成分的搭配,如 устать(感到劳累),завтракать(吃早饭)等。在必需搭配中扩展成分的使用是主导词的要求,任何时候都不能略去不用。而在非必需搭配中扩展成分的使用则是出于交际的需要,是讲话人根据自己当时想要表达的思想临时即兴组织起来的;某个成分用或不用,由讲话人根据需要自由选择,因此非必需搭配也称选择性搭配。

必需搭配的扩展成分可以是一个,如 осуществлять что(使……实现),也可以是多个,如 возвести кого-что в кого-что(将……提升为、誉为……),лишить кого-что чего(使……丧失……);扩展成分的表现形式可能只有一种,也可能有多种(如 выглядеть как/каким/кем-чем)。在俄语中要求必需扩展成分的不仅是及物动词,许多不及物动词,甚至少数名词、形容词等也有此要求,如 походить на кого-что(与……相像),вопрос чего(牵涉到……的问题),свободный от чего(没有,免于……的)等。

5. 按照词汇搭配是否受限,可分为自由搭配和非自由搭配。在自由搭配中主导词与从属词的组合是自由的,开放的,只要不违反逻辑都可与之搭配。而在非自由搭配中,词与词的组合要受到一定的限制,是封闭的。有些词只能和某几或某一个词连用,如:

рано(早):~ утром(在)清晨,~ вечером 天黑前后,但 * ~ ночью 早夜(*指错误搭配,下同),* ~ днём 在白天很早的时候。

поздно(晚):~ ночью 深夜,~ вечером 在晚上很晚的时候,但 * ~ утром 晚晨,* ~ днём 在白天很晚的时候。

非自由搭配不同于固定词组。在非自由搭配中主导词虽然也只跟某一个词连用,但它们在语义、语法上各自是独立的,分别表达两个概念,在句子中各起一定的句法作用。而固定词组中各组成成分是不独立的,不能拆开,它们合起来相当于一个词,表达一定概念,起一种句法作用。如俄语 железная дорога 译成汉语就是一个词——"铁路"。

非自由搭配也不同于必需搭配。在必需搭配中扩展成分虽然是非用不可的，但用词并不一定受到限制，如 зависеть от кого - чего（受……左右，取决于……）中的补语用词就没有限制，而非自由搭配中词的习用范围则必然受到限制，而且这种限制很多是历史上约定而成的，没有理据。因此，对这部分搭配掌握得多少常常被看作是掌握某种语言好坏的一个标志。

二、俄语搭配词典编纂

（1）**搭配词典的功能**。搭配词典的功能主要有二：一是知识性的，通过各种注释、文字说明和搭配的不同模式揭示词目的搭配能力和规律，指出该词可以用哪些手段、哪种形式来与哪一词汇—语义类别或哪些词结合；二是资料性，为每个词目的每个义项提供系统、全面、丰富的适用于不同情景的典型搭配，帮助读者发展言语能力，提高说话、写作水平。我国目前已经出版的几部外语搭配词典大多只是含糊、笼统地提供一些具体的搭配实例，而不说明其搭配范围，也不指出搭配模式。我认为这种做法带有很大的主观性和随意性，难以达到系统、全面反映词的搭配能力的目的，也不利于读者自觉性的发挥。但是如果反过来，只提供知识而不给或少给例证，又不利于对搭配规则的理解和掌握，也不利于读者的实际运用。词汇的丰富不仅依靠掌握新词，而且也有赖于扩大已知词和其他词的搭配范围。具体搭配之于造句犹如预制件之于盖房，掌握得愈多，造起句来就愈方便、愈迅速。有些搭配从语义角度看，似乎没有收进词典的价值，但从实用角度看却是有益的，如 человек чего（……人）中的 ~ острого ума（非常聪明的人),~ skromных потребностей(生活要求不高的人),~ большого мужества(十分勇敢的人等)。所以最好的办法是把两者结合起来,尤其是为非母语者编搭配词典,更应重视具体搭配的选收。

(2)**搭配词典的选词原则和标准**。搭配词典词目的选定要解决两个问题:收多少词和收哪些词。确定数量的依据,主要是交际的基本需要对词汇数量的要求以及词的使用频率。据对不同语言的统计,一般认为掌握2500~3000个最常用的词即可满足日常生活交际的基本需要。确定词目的质量标准主要是词的交际值和搭配值,即该词在交际过程中所起作用的大小和同其他词组合能力的强弱。词的使用频率和词的交际价值、词的交际值同搭配值并不总是成正比的。使用频率高、交际值大的词并不一定搭配能力强,所以要综合分析。词目不宜过宽,义项不要过多。一般说来,词的派生意义、转义较之基本意义、直义的搭配范围要窄。但是整个词典收词的质和量应能保证读者在交际时拥有表达基本思想的材料和手段。另外,作为双语词典,选收词目时还应考虑俄语词和汉语词在搭配方面的差异及汉族人学习俄语搭配的困难。

(3)**对搭配的描写**。描写的对象应包括主导词(即词目词)和从属词(即扩展词)两个部分。不要一提到词的搭配就只想到从属词的问题,实际上从属词的选定和使用在很大程度上受制于主导词。描写的内容主要有:①主导词的语义、语法、修辞等特征;②主导词与从属词的组合规则和习惯;③主导词和从属词之间的关系意义。

(1)**对主导词的描写**

①主导词的词义和语义结构。搭配首先是语义组合的概念。词义是决定词汇搭配诸因素中最主要、最常见和最为普遍的一个因素,

多数主导词在词汇上的扩展都取决于它的意义。词的基本"指名意义的使用范围、联系范围基本上相当于现实世界中各种物体、过程、现象本身之间的联系和关系。"① 如可以说 очень устать（很累），очень красивый（很好看的），但不能说 * очень читать（很读），因为动词词义没有程度上的差别。* очень каменный（很石头的）或 * очень первоклассный（很一等的），因为后几个词所表示的特征，或者没有性质程度的差别，或者其性质程度已经达到极限。

如果我们把一个词的词义分解成若干义素，就会发现有些义素正是它前后与之搭配的其他词，如 хромой（瘸腿的，跛脚的）：

义素	人	动物	跛	脚或腿
搭配	~ человек	~ ая кляча		~ ая нога
译文	跛子	瘸腿马		一条瘸腿（足）

同义词之间在词汇搭配上的差异多数也源于意义上细微差别，试比较 усвоить 与 освоить（掌握）：

动词	语义构成	词汇搭配
усвоить	弄明白 + 记住 + 某种知识	слова, азбуку, урок, новый текст, виды глагола, таблицу умножения, пройденный материал.
освоить	弄明白 + 学会使用、操作 + 某种技能、机械	мастерство, ремсело, технику, профессию, метод, способ, машину, пулемет, новый станок.

词义还可以影响从属词的语法形式，如含"处所"义素的动词

---

① В. В. 维诺格拉多夫《词义的基本类型》，载《语言学问题》1953 年第 5 期。

находиться（位于……）、располагаться（安置、待在……）、стоять（站）、лежать（躺）的处所状语只能用回答"где"（在哪里）问题的形式。不属于同一词汇——构词族的词，由于同属一个语义场，可以具有相同的搭配形式。如表示"说"的动词：говорить（说）、рассказывать（讲述）、бормотать（嘟囔）、промолвить（说出）等的补语都可用что、о ком – чём、про кого – что、насчет кого – чего 等形式或从句。сочувствие（同情）、ненависть（仇恨）、любовь（爱）等名词的补语都用 к кому – чему 的形式（试比较相应动词的支配形式 сочувствовать кому – чему, ненавидеть、любить кого – что）。

准确地了解词义是掌握词汇搭配的重要途径，错误地理解词义是造成词汇搭配失当的主要根源。因此，外语搭配词典必须重视对词目意义的描写，简单地照搬双语详解词典的词目译文往往会造成词汇搭配中的外来干扰，导致读者把本族语译文的词汇搭配错误地移植到相应的外语词上去。

②主导词的词类属性及其语法特征。不同词类的词具有不同的搭配能力和方式。汉语中形容词可以和动词搭配，而俄语中一般不许可。一致联系是俄语形容词的典型方式，而副词搭配却没有这种类型的联系。город（城市）是名词，因此潜在地存在着和形容词、间接格名词或副词搭配的可能性：новый ~（新城市）、~ у моря（海滨城市）、~ ночью（夜间的城市）。

主导词的语法特征主要指具体的范畴意义、形态变化、支配关系和句法作用等。如必需搭配中扩展词的语法形式都完全取决于每个主导词的要求：привыкнуть к кому – чему（习惯……），但свыкнуться с кем – чем（习惯……）。未完成体动词избегать（避免）的补语可以

用 чего 或接动词不定式，但完成体形式 избежать 的补语只能用 чего。未完成体动词 читать（读）可以用 сколько времени（多少时间）的形式扩展，而完成体形式 прочитать 一般要用 за сколько времени（在多少时间内）。有的词义本身就和一定的搭配形式和句法作用有着直接的联系，句法特征似乎成了它们词义的一部分。如 великий，малый 只有以短尾形式用作谓语时，才能表示"太大"、"太小"的意思。

③主导词的词素构成。这主要指动词前缀的性质和意义。它的影响主要表现在一定的构词前缀与其搭配形式的对应关系中，如：под –（接近）→ к кому – чему（подойти к матери 走到母亲跟前，подплыть к берегу 游到岸边，подсесть к столу 坐到桌旁）。

до –（到达某一地点、时点）→до чего（долететь до Москвы 飞到莫斯科，дожить до старости 活到老，достать до потолка 够到天花板）。

пере –（+ся 相互）→с кем（переписываться с друзьями 和朋友们通信，переговариваться с товарищем 和同志交谈）。

④主导词的语体特征和感情色彩。词的搭配不只是语法、语义的组合，有时也与讲话的场合、情景和词的修辞色彩有关。如汉语中"逝世"不和"流氓"搭配，"牺牲"不和"敌人"搭配，因为这两个词都带有褒义，表示对亡者的尊敬，多用于庄严、正式的言语中。俄语 зачитать（宣读）属公文事务语体，因此可以和 приговор（决议）、приказ（命令）、протокол заседания（会议记录）等连用，但不能和 журнал（杂志）、роман（小说）、ноты（乐谱）等搭配。

(2)对从属词的描写

①从属词的词汇、语义特征。首先,应该通过一定的标志标明从属词的使用是自由的、开放的,还是受限的、封闭的。如果受限,则应勾划出词的范围,进一步明确受限词共同的语义特征,如可用作动词 выключить(关闭)补语的名词,它们主要的共有义素是可以"用开关"关闭:~ ток(关电门)、~ мотор(关马达)、~ газ(关瓦斯)、~ радиоприёмник(关收音机)等。特别是那些习用范围很窄的词,更应一一列出它们可以与之搭配的具体单词,如汉语"开拔",只用于军队。"造诣"跟"高、不高"搭配,"成就"跟"大、小"搭配等。

②从属词的语法特征。这主要指名词的动物性与非动物性、抽象与具体、可数与不可数以及动词不定式体的区分。这些差别常常影响从属词的形式,如动词 пригодиться(对……有用、有益)的补语,如为动物名词要用第三格(~ другу 对朋友有益),如为非动物名词用 для чего(~ для статьи 对写论文有用)。желание(希望)、собираться(打算)后的动词不定式可以用完成体,也可以用未完成体,但 привыкнуть(习惯)、способность(能力)后的不定式动词只能用未完成体。未完成体动词 успевать(来得及)后的不定式用两体均可,但完成体 успеть 后的不定式 却只能用完成体。普通俄语详解词典大都没有这些语法标注,有的虽用 кто、что 作为动物名词与非动物名词的标志,但由于它们没有数的区别,что 也代表人的集合名词,因此读者有时还是弄不清楚它们的具体所指。如 истреблять кого – что(消灭……)中的 кого,实际上通常多用复数(~ фашистов 消灭法西斯,~ вредителей 消灭害虫),也指表示人的集体名词(~ дивизию 消灭一个师,~ население 杀戮居民)。因此,有的学者建议,在俄语名词的动

物范畴中除了动物名词和非动物名词外,再增加准动物名词一类。

③从属词的语法形式及其所表达的关系。词的形式具有构成各种结构、表达各种关系的丰富潜力。在具体的交际场合中从属词究竟使用哪种形式、表达何种关系,一方面取决于交际的需要,如 звонок(铃)的扩展方式可以有:какой + ~(什么铃)、~ + чего(……的铃),что + ~а(铃的……)、动词 + ~ 和 ~ + 动词(第三人称)等,讲话人可以按照自己的意图自由选用。但另一方面也受语言本身的制约。主导词支配从属词的形式前面已有所述,这里再谈谈从属词的语义对搭配形式的影响。如 набрать(采集) что 与 чего 的选用:补语为表示容器的名词,用第四格(~ корзину ягод 采一筐浆果);如为表示采集对象的名词,用第二格(~ цветов 采一些花)。有些词的个别形式还只能用一定的单词来填充,离了那些单词那种形式也就不存在了。试比较 поехать на чём 和 с чем(乘……去):на чём 可以用 поезд(火车)、метро(地铁)、трамвай(电车)、автобус(汽车)、велосипед(自行车)、пароход(轮船)等许多词填充,而 с чем 通常只用 поезд 和 электричка(<口>电气火车)两个词,而且在名词前一般要加用修饰语(~ с утренним поездом 乘早晨的火车去, * ~ с поездом)。因此,对从属词形式的描写应该是多角度的,不能只考虑某一方面的要求。

另外,由于形式和内容的不统一,还应特别注意搭配形式中的同义现象和同音现象。在同义的搭配形式中,有的彼此没有什么差别,可以互相代替:разойтись мнениями—во мнениях(意见分歧),письмо другу—к другу(给朋友的信)。而有的则有意味或语体修辞上的差别:осветить дорогу идущим(为行人照亮道路),着重行为对象—осветить дорогу для идущих,强调行为目的;意为"第六号命令"

的 приказ номер шестой（或 шесть）属通用语体，而 приказ под номером шестым 为公文语体，приказ за номером шестым 则为旧时的用法。同音异义现象如 книга кого 中的 кого，既可指书的所有人，也可指书的作者。不要把部分同音的搭配合并起来写成一个模式，如把 избрать кого（选举某人，如 ~ Петрова 选举彼得洛夫）和 избрать кого - что（选举某一职务或机构，~ директора 选举厂长，~ парткoм 选举党委会）简单合并成 кого - что。

（3）对搭配中词序的描写

俄语词序比较自由，但也各有其正常的位置。如在动词—副词搭配中，大部分副词通常在动词之前，但也有些副词一般在动词之后，试比较：медленно идти（慢走）—идти пешком（步行），хорошо говорить（讲得好）—говорить по - русски（用俄语讲）。因此，不能为了省事而违反常规，总是把从属词放在主导词之后。对动词搭配中直接补语和间接补语的先后顺序也应注意其规范性。

（4）提供搭配模式的方法

展示搭配模式最常见的办法是使用疑问词。这样可以概括地显示出从属词的形式以及它同主导词的关系，清爽利落，一目了然。但是也存在一些弊病，最主要的是形式和内容的矛盾。有些提问只表明形式，看不出意义，如 пальто：~ во что、~ из чего、~ чего、~ на чём；有些则只表明关系意义，看不出形式，如 идти：~ куда（往哪里走）、~ откуда（从哪里来）、~ как（怎样走），因此常常顾此失彼。而且有些搭配形式和意义难以用疑问词来描述。为了解决这个矛盾，现在有人提出另一种办法，即把从属词可能出现的各种形式和意义分别用不同的符号作为替代标志（如 Об 用来表示客体关系，At 表示限定关系，O 表示动物名词,H 表示非动物名词,Д 表示第三格,B 表示第四格,B₂ 表示带前置词 B 的第四格等),列模式时再依据每个词的具体形式和意义把相应的符号连缀起来。如把 послать кому что(向……致以……)写成 послать ОбДОВН,把 послать во что 写成 пальто AtB₂H。这样可以准确地表示出词的全部形式和意义。但缺点是符号太多,过于繁琐,使用不便。所以,我们还是比较倾向于俄文版的《俄语搭配词典》目前的做法:在用疑问词不能确切地反映词的形式或意义时,加上必要的文字注解或形式标志。如在 пальто во что 后加注"指什么样的大衣",在 идти куда 后加注表达这一意义的各种形式:~ во что,~ на что,~ к кому – чему,~ + 副词等。

（5）提供搭配形式应注意的两个问题

首先,提供搭配形式应以义项为单位。俄语词的搭配常常因词义不同而有所区别,如 любить:①爱(戴) кого – что(~ Родину 爱祖国);②(恋)爱 кого(~ девушку 爱姑娘);③喜欢 что(~ солнце 喜欢阳光)。因此每个义项的搭配形式必须放在该义项的下面,不要先注出一个词全部义项的释文,然后再把适合不同义项的搭配形式不分青红皂白,笼统地仿照字母顺序混杂地放在全部释义之后。这样就使得每个义项的搭配特点和整个面貌变得模糊不清,给读者造成某种错觉和误会,从而导致不同义项搭配形式的互相套用。

其次,提供搭配形式时,应该区分必需搭配和非必需搭配、自由搭配和非自由搭配。区分必需搭配和非必需搭配可以使读者明确哪些扩展成分是词目词的要求,非用不可,哪些扩展成分是可有可无的。现在在俄罗斯人的言语中,为了节约而省掉必需搭配中扩展成分的情况,时有发生,已经引起语言学家的注意。在列搭配模式时,不要把含有几个扩展成分的必需搭配拆开分列,如把 превратить кого - что в кого - что (使……变成……) 分写成 превратить - кого - что 和 превратить в кого - что。这会给读者造成它们可以分开使用的印象。自由搭配的例证应尽量压缩,同一语义场的词只举出一两个作代表即可。要注意搭配的规范性、代表性、典型性和实用性,要把搭配的质量放在首位。只在一定上下文中才出现的或已经过时的搭配形式,即使它出自名家之作,也不使用。对非自由搭配,特别是限制很大的扩展词,应尽量收齐,有多少收多少。

总起来说,搭配词典描写的对象应该是词目和扩展词两个部分,描写的内容主要词的语法搭配能力和搭配形式,以及词汇搭配能力和词的填充。前两者主要取决于具体语言的专门特点,它的形态和句法结构,后两者主要取决于每个词本身的特点,它的语义和修辞色彩等。为了说明这两种能力,一是从词的语言特点本身出发,指出主导词和从属词搭配时的各种条件和限制;二是从交际需要出发,描写词的搭配中可能出现和使用的手段形式和单词。其目的是使读者既能从语言知识方面了解词的搭配能力和规律,又能从实用方面学到一些常用词的具体搭配。

(原载《辞书研究》1992 年第 4 期,后被收入《双语词典学研究》,张后尘主编,高等教育出版社,1994 年)

从俄语语法规则中的
例外现象谈起

　　为了组词成句,交流思想,人们为语言制定了许许多多的规则,以保证语言运作的规范和统一。但是由于语言结构本身的复杂性和社会诸多外部因素的影响,在这些众多的规则中,人们总会发现有一些违反常规的例外现象。比如:俄语中有一些本应该变格的名词,在一定情况下却可以不变格。明明是以阴性词尾 -a(-я)结尾的名词却被归之于阳性名词一类,等等。这些所谓的例外现象看似怪异,"不服从调遣",实则绝非"无理取闹",而是有理据的。据我们观察,产生这种现象的原因大约有三:一是词的词汇意义的制约,二是社会因素的影响,三是准确表达思想的需要。

一、词的词汇意义决定或影响着词的语法意义

　　词的词汇意义(包括词的文化意义和感情色彩等)和词的语法意义是一个相互对立的统一体,其中词汇意义是矛盾的主要方面,它决定或影响着词的语法意义,也是造成语法规则中例外现象的最主要的一个因素。

比如，俄语中绝大多数名词的性质是依据词的外部形式来划分的，与词所表示的事物意义无关，如以硬辅音结尾并具有零词尾的名词为阳性，以 -a(-я)结尾的名词为阴性，以 -о, -е 结尾的为中性等。"стул"与"скамья"都表示坐的工具，但前者为阳性，后者却属阴性。[①] 然而表人名词(личные существительные)性属的划分则主要取决于该名词所表示的人的实际性别，即表达男性的为阳性名词，表示女性的为阴性名词。表示男性的名词，即使以阴性形式 -a(-я)结尾，但还是阳性名词，如 мужчина，юноша，дядя，дедушка 等，但其变格仍照阴性名词变(увидеть юношу)。

从数的范畴来说，专有名词一般只有单数，因为它们所表示的人和物就是独一无二的。然而当它们泛指具有某些共同特征的人物时，也可以用复数，而且只能是复数，如 Наполеон - Наполеоны(像拿破仑那样的人)，Дон - Кихот——дон - Кихоты(堂吉诃德式的人物)，Хлестаков - Хлестаковы(赫列斯塔柯夫之流)。

动词 есть 和 кушать 表示"吃"，但前者拥有全部的人称形式，能用于陈述式、命令式和不定式，而后者多用第二人称命令式，表示客气地邀请某人进食，不用第一人称。其实，动词的许多形态特点和句法特点都与动词的词汇意义有联系，如表示"状态、领属、情感"以及"事物间各种关系"的动词：стоять，лежать；иметь，овладеть；уважать，ненавидеть；соответствовать，относиться 等，都只有未完成体，而没有与之对应的完成体。而表示"开始、结束某个动作"的动词；загулять，

---

① 从这类词表示的事物总体来看，应该说还是受词汇意义的制约，因为这类事物的本身就没有性属的差别，或者性属的差别不明显，不为人们所重视。

заиграть；отобедать，отзвучать 等又只有完成体，而没有与之对应的未完成体。因为它们的词汇意义与其所缺少的另外一种体的意义是矛盾的。

二、社会因素的影响

语言是一种社会现象，它和社会有着千丝万缕的联系，是社会的一面镜子。社会政治、经济、文化的诸多变化，都会在语言中得到反映，留下印记。

比如，人类社会的男女比例基本上是平衡的，但是分别代表男女的阳性名词和阴性名词在数量上却相差悬殊：在所有表人名词中，阳性名词明显居主导地位，据统计，在乌沙科夫主编的《俄语详解词典》中，表人名词共计 7740 个，其中阴性名词仅 2024 个，占总数的 26.1%。而在这些阴性名词中只表女性者仅 340 个，其它都有与之相对应的阳性名词，但阳性名词中没有相应阴性形式的词所占比重却要大得多。

又如，俄语中的表人名词，一般都是阴、阳对应的：избиратель－избирательница，ученик－ученица，但有些阳性名词却既可指男性，也可指女性，没有相应的阴性名词。它们主要是：①表示国家、政府、政党部门的官员，特别是高级领导人的名词，为 президент，председатель（国家、党主席），секретарь（书记）министр，посол，чиновник 等；②表示军人，军衔的名词，为 солдат，воин，лейтенант，полковник，комиссар，адмирал，генералиссимус，офицер 等；③表示科学技术专家、学衔及各种荣誉称号的名词，如 академик，доктор，профессор， педагог，дирижер，адвокат，гений，лауреат 等；④Товарищ，друг，врач 和少数带有阴性词尾的阳性名词 староста，судья 等。

即使少数的阳性名词具有与之相应的阴性名词，但意义也是有差异的，如 математик，физик，географик，медик 等，指"某一学科领域的专家、学者"时，不管男女，只能用阳性名词；如指"大学某个学科的教师或学生时，男性用阳性名词，女性用阴性名词 математика，физика，географика，медика。又如 председатель 与 председательница，секретарь 与 секретарша，其阴性名词前者指"一般会议的主席或某机关团体的主席"，后者指"主办信件往来、接待来访者等机关日常事务性的技术秘书"。如果指国家、政党的主席，党的书记或担任重要职务的秘书时，不管男女，都应用阳性名词，否则就会歪曲词义或赋予其明显的蔑视、嘲讽色彩。下边一段话可以帮助我们理解这种差别：

——Слушайте，——сказал Орлеанцев，——неужели вас устраивает эта должность：секретарша.

——Не секретарша，а секретарь.

——Это одно и то же.

——Нет，не одно и то же. Я помощник Атона Егоровича. Вы не думайте，я сижу только для того，чтобы охранять директора от посетителя. У меня много всяческих дел.

语法中之所以产生这种反常现象，其原因主要是社会性的：广大妇女在社会生活中长期处于无权、受压的不平等地位，被剥夺了受教育的机会。社会上的许多职业和工作歧视和排斥妇女，使他们生产活动仅局限于一个狭小的范围，多半从事一些技术性不强或没有技术的粗活，更不要说参与党政事务。这就是语言中"男尊女卑"产生的土坏。这种现象随着社会发展和妇女的解放,已经有了显著的变化,与阳性名词相对应的指称女性的阴性名词正在不断增加,如 стаханвока, социалистка, арономша, юбилярша ударница 等。过去以丈夫的职业、职务称呼妻子的词,现在也获得了新义,指从事某职业,担当某职务的女性,如 майорша директорша, инженерша 等,原指"少校、厂长、工程师的妻子",现在也指"女少校,女厂长,女工程师"等。有些过去只有女性名称的词,现在也有了相应的阳性名词,如 доярка – дояр, уборщица – уборщик。表人名词在性属对应关系上的这种不断补充和协调,是现代俄语语法体系日臻完善的一个标志,是现代俄语发展中一种富有活力的演变过程。

三、准确表达思想的要求

语言作为人类社会重要的交际工具,人们对它的首要要求就是保证思想表达的准确性,语法规则也是为实现这一要求而制定的。因此如果原来的某一规则,由于某种原因使语言表达产生歧义,语义含混,那就必须打破常规,另谋他途。规则毕竟是为目的服务的。

比如,河流、城市名称作普通名词的同位语,一般要和被说明语在格上保持一致,如 на реке днепре, к городу Шепетовке 等。但是如果专有名词变格后可能产生歧义,引起误会,那就不变格。Киров(基洛夫市)和 Кирово(基洛沃市)变格后形式完全相同,如果说 в городе Кирове,人们就不知道它指的到底是哪个城市,因此它们不能变格,而要保持原貌:В городе Киров 或 В городе Кирово,以示区别。这种现象在地理,军事书籍及官方的报导中尤为常见,因为准确地说出地名在这种场合具有特别重要的意义。另外,如果专有名词指的是一些不大出名的小地方,也可以不变格,如 кинофестиваль в Канн(康城电影节)。

又如,一个表示女性的阴性名词 машинистка(女打字员)至今没有一个与之对称的阳性词,虽然在这一行业中早已有男性参予。其原因就在于一个外貌极似的表示男性的同根名词 машинист 早被用来称谓"机车司机"。如果再用它来指"男打字员"就会产生歧义,所以只好用陈述式词组"переписчик на иашинке"来表示。

四、对编纂教学词典的启示

探索语法规则中例外现象产生的原因,不仅可以加深我们对这种现象的认识、理解和掌握,而且对俄语教学和科研也不无启迪。以俄语教学词典的编纂为例,本文上述对产生例外现象的剖析告诉我们,俄语教学词典编纂必须重视对词的词汇意义的挖掘。对词汇意义诠释的优劣是决定词典质量最重要的基本因素,抓住了词义的实质就好像牵住了牛鼻子,其它诸如词的搭配特点和范围、词的形态特征和句法作用等等问题解决起来就比较容易。虽不敢说"一通百通",但至少可以收到事半功倍的效果。其次,要重视词的文化意义,使用语言的社会环境,风俗习惯等方面的研究,否则即使吃透了词义,使用时还会出错。最后永远不能忘记的是语言的交际功能,它既是我们编纂教学词典的出发点,也是我们编纂教学词典的最终目的。词典的立目、释义的设项、搭配、例句的选择等等,都要考虑它们的交际价值。只有这样,才能做到有的放矢,取舍得当。

词的感情色彩与辞书编纂

人有思维,也有情感。因此人与人之间的思想交流通常都伴有这样或那样的感情色彩。语言中表达感情色彩的材料和手段是多方面的:有语音领域的,也有词汇、语法和修辞等领域的。本文要探讨的主要是词的感情色彩。正确理解和使用词的感情色彩可以增强语言的表现力和感染力,提高语言效用。不了解或不善于使用带有感情色彩的词语,写文章必然是索然寡味,干瘪枯燥,没有生气;说起话来就可能语不得体,甚至闹出笑话。对词的感情色彩的研究,与词典质量的提高也有着重要的直接关系。词典以诠释词的意义和用法为己任,理应对此十分重视。但我国有关词典编纂的论著中涉及这一专题的并不多见。本文拟对此提一点粗浅看法,敬请批评指正。

一

(1)什么是词的感情色彩

词的感情色彩指的是附加于词的称谓意义之外的对所指对象的评价和态度意味。它是词汇意义的一个固定成素,具有社会性,因此也称"词的感情色彩意义"。比如"英雄",《现代汉语词典》(1996年修订本,下作《现代》,后文引自该书的汉语例词释义,不再注明)的定义是:"不怕困难,不顾自己,为人民利益而英勇斗争,令人钦敬的人。"这里就包含三层意思:作为称谓意义,它指出了"英雄"的本质特征,同时还附加有对"英雄"的评价(褒)和态度(敬),而后两层意思就是"英雄"一词的感情色彩意味。个别人在其作品或言谈中临时赋予词的某种感情色彩,是一种修辞手段,言语意义,而不是词汇现象、语言意义,不在讨论之列。比如不能因为契诃夫作品中的主人公用 крыса(老鼠)称呼他心爱的人,就认为 крыса 具有表爱色彩。

词的感情色彩意义虽然是附加的,但并不是无足轻重的。作为词汇意义的组成要素,它甚至可以起到区分词的作用,如"去世、逝世;毙命、翘辫子、见马克思"等词语间的差别,就是它们所分别代表的不同的感情色彩,否则一个"死"字就够了。

(2)带有感情色彩的词的分类

①按照感情色彩,词汇首先可以分为中性词(即不带任何感情色彩的词)和带有感情色彩的。中性词,如"山、水、花、草、人、东、五、手"等等,在词汇中占大多数。带有感情色彩的词,如"先辈、骑墙、鬼混、中流砥柱"等,在整个词汇系统中只占少数。带有感情色彩的词又可分为表示肯定、积极色彩意义的词和表示否定、消极色彩意义的词。之所以这样划分,是因为词的感情色彩虽然丰富而纷繁,但概括起来主要是褒、贬两种评价和爱、憎两种态度,而评价和态度又是密切相联、互为影响的。褒贬会产生爱憎,爱憎中即含有褒贬,所以实际上就是肯定和否定两种。至于这两大类又包括哪些小类,目前还没有统一的意见。下面的划分仅属举例性质,有笔者个人的看法在内。

表示肯定、积极色彩意义的词语可分为:1)赞词,含有称许、赞美、赞赏意味的词语,如"才女、劳模、聪慧、英俊、高尚、恢弘、辉煌、有口皆碑"等。2)敬词,含有尊敬、崇敬、敬仰意味的词语,如"逝世、瞻仰、拜谒、聆听、令尊、斧正"等。谦词似也可纳入其内,因为谈话人本身的谦虚就意味着对对方的尊敬,如"拙作、鄙见、薄礼、老朽"等。3)亲昵词,含有喜欢亲切、爱抚意味的词语,如"宝宝、小鬼、老伴儿、心肝儿"等。4)诙谐词,含有戏谑、幽默色彩的词语,如"打游击、开洋荤、马大哈、见马克思"等。

表示否定、消极色彩意义的词可分为:1)不赞词,含有不赞成、不赞赏意味的词语。这类词的意义多表示带有某种毛病、缺陷的事物,如"酒鬼、白眼狼、世故、迂腐、伎俩、小报告、油头滑脑"等。2)厌恶词,含有讨厌、憎恶意味的词语,如"狗腿子、洋鬼子、妖精、老梆子(指老人)、灰溜溜、白不呲咧"等。3)轻视词,如"半瓶醋、小聪明、纸老虎、馊主意、臭棋、屁事、雕虫小技"等。4)卑视词,如"爪牙、市侩、势利眼、变色龙(指人)、溜须、崇洋媚外"等。5)嘲讽词,含有嘲笑、讽刺意味的词语,如"乡巴佬儿、土老帽儿、窝囊废、冤大头、老来俏(多指妇女)、宝贝(指无能或奇怪荒唐的人)"等。6)詈骂词,如"放屁、骚货、蠢驴、妈的、王八蛋、混账、狗胆包天"等。

②从感情色彩产生的角度来看,带有感情色彩的词又可分为:

1)称谓意义中包含有感情色彩的词。这类词的评价意义和称谓意义是统一的,结合在一起了。称谓意义中已经有对所指对象的评价和态度,如"贤惠"指"妇女心地善良、通情达理,对人和蔼"。这个定义即是对品德特征的描述,又含有对品德的赞誉。"二流子"指"游手好闲、不务正业的人",其中"游手好闲、不务正业"就是对这种人的否定。由于这类词的评价色彩十分鲜明,所以一般很难转用于其他意义。

汉语属词根语,大多数复合词的感情色彩都由构成它们的词根表示,如"陈腐",指"陈旧腐朽"。有些复合词的感情色彩只由其中的一个词根表示,这个词根可前置,如"宏论、宏图、宏愿、宏旨"等;也可后置,如"吝啬鬼、小气鬼、胆小鬼、色鬼、酒鬼"等。2)因本义被转用而获得感情色彩的词。它们的本义属中性,但用于转义时则获得了明显的评价色彩。特别是一些表示动、植物或日常用品的名词转用于人时,感情色彩意义尤为鲜明,如:

帽子 ①戴在头上保暖、防雨、遮日光等或做装饰的用品。②比喻罪名或坏名义。

饭桶 装饭的桶;比喻只会吃饭而不会做事的人。

луб 橡树,柞树;愚钝的人。

орёл 鹰;英雄,勇士。

3)借助词缀(主要是后缀)而获得感情色彩的词。这在俄语中尤其常见。俄语有一系列表示不同色彩意义的后缀,如表爱的名词、形容词 - ок, - ец, - чик, - ушк 及 - еньк - , - оньк - 等;表卑、蔑、讥讽的名词后缀 - ишк, - ищ, - онк, - шк 等;表示不赞的名词、形容词后缀 - ун, - ак, - ан, - ляв - , - аст - 等。汉语中也有表示爱憎的名词词缀,但为数不多,也不普遍,如"儿"表示喜爱,"子"表示讨厌:"老婆儿,老头儿"含亲热意,而:"老婆子,老头子"含厌恶意。前缀"阿"用在排行、小名或姓氏前有亲昵色彩,如"阿大、阿宝、阿唐"等;用在某些亲属名称前也有感情意味,如"阿哥(对跟自己年龄差不多的男子的称呼)"含亲热意,"阿公、阿婆、阿妈"含敬意。

4) 借助重叠而获得感情色彩的词。这是汉语形容词的一大特点,使用十分普遍,如单音节形容词重叠形式(AA 式)处在定语和谓语的位置时往往带有爱抚、亲热的意味,如"弯弯的眉毛大大的眼睛,红红的嘴唇赛樱桃";嵌音形容词形式(A 里 AB 式)则带有嫌弃、不赞赏的意味,如"啰里啰嗦、古里古怪、糊里糊涂"等。不过,双音节形容词重叠形式(ABB 或 ABAB 式)的感情色彩,主要来自词汇意义。

二

(1) 关于辞书对词的感情色彩的注释

依据称谓意义和感情色彩之间的关系,意味的注释可以采取这样几种方式:

①定义式,即通过对词的指称意义来反映词的感情色彩。这主要指那些称谓意义与感情意味相统一的词语。它们的感情意味一般都是在词义所指概念特征的基础上产生的,因此在词的定义中都含有对所指事物的修饰语,如前述"贤惠"一词。如果词的感情色彩主要体现在某个词根上,那么注释感情意味的对象就应该是这个词根,如"奸商"主要释"奸",指用"投机倒把、囤积居奇等不正当手段牟取暴利"的商人。

②附注式,即在词的定义之外使用专门的标志或文字说明来揭示词的感情色彩。汉语词典多采用文字说明,俄语词典都使用专门的缩写标注,如前者注:"骂人的话"、"含讥讽意",后者用＜骂＞、＜讽＞等。应该说专门标志比文字说明优越,因为它醒豁,而且可以压缩词典篇幅,降低成本。附注式主要针对两类词:一是从词的称谓意义中

看不出感情色彩的词,如:

　　家伙　指人(含轻视或戏谑意)。

　　哭鼻子　(含诙谐意)。

二是称谓意义中感情色彩不很明显需要附加说明的词,如:

　　扯后腿　比喻用亲密的关系或感情牵制别人的行动(含贬义)。

　　③引例式,即通过一定的语境反映词的感情色彩。这主要用于那些虽在释义或说明中已标出感情色彩但仍不够明确且难以使用的词语,如:

　　翘辫子　死(含讥笑或诙谐意):袁世凯做皇帝没几天就~了。

(2)当前需要研究和解决两个课题

　　①建立一个完整的、严密的词汇感情色彩分类系统。为此,首先需要明确词的感情色彩的划分标准。现今语文词典对词的感情色彩的划分,有些是一致的,如"亲昵、轻蔑、讥讽、诙谐、詈骂"等;而有些则互有增减,多少不一。一般说来,俄语词典在感情意味的划分上比汉语词典细致,有些标注如"不赞、粗俗、责备、狎昵"等未见于汉语词典。汉语词典中标注的"轻蔑"在《俄汉大词典》(刘泽荣主编,商务印书馆,1963)中被分为三种不同的感情色彩:藐视、蔑视、卑视。虽然区分这三种意味常有一定的困难,但"轻蔑"毕竟不同于"卑视":前者着重于事物的价值和作用,认为不重要而看不起;后者则侧重于事物的品质,认为恶劣、卑鄙而瞧不起。《现汉》在词的感情色彩说明中还常常使用"褒义"、"贬义"这两个意义十分宽泛的术语,而没有具体指出它们所表示的究竟是褒、贬中的哪种意味。

　　词的感情色彩的划分是依人的情感为基础的,而人的情感是十分丰富的,常常互有搀杂,不易区分。人的情感到底有多少种状态,至今没有定论,有人估计有 35~150 种。但无论如何可以断言,词的感情色彩绝不止目前辞书中所列出的 10 多种。

②重视对具体词感情色彩的分析和研究,加强收录带有感情色彩的词。抽象源于具体,没有对具体词的感情意义所作的深入研究,就不可能对整个词汇系统的感情色彩作出科学的分类,对词义的诠释也不可能准确,而在词的收录上就可能出现疏漏。《现汉》在这两方面都有值得改进和完善之处。在收词方面,有许多带有叠字词缀的形容词未收,而它们大多带有感情色彩。以单音节色彩词"白"为例,《现汉》只收"白皑皑、白花花、白晃晃。白蒙蒙、白茫茫"等 5 个词,而"白生生、白晶晶、白闪闪、白净净、白煞煞、白苍苍、白森森、白惨惨、白茸茸、白漫漫"等许多常用词漏收。"红"字开头的音节重叠的形容词,常用的有 20 多个,《现汉》也只收了 3 个。之所以漏收,原因固然很多,但对词义研究不够恐怕也是其中之一。

在词的感情意义注释上也有疏漏,如"诞辰"注有"多用于所尊敬的人"。但在"逝世"的释义中却没有加注感情色彩。再如《现汉》没有收"小"作为前缀与单音节姓氏或人名连用以称人的义项,而收了"老"的这个义项,但没有附加感情色彩的说明,且把它与"老虎、老玉米"中的"老"等价齐观。实际上这两个字都具有鲜明的表爱色彩,含有亲热、亲昵的意味,"老"还带有敬意。柳青在《创业史》中有一句话简直就是对"老"字感情色彩的注解。他说:"农村群众把党和政府派下来的干部,不管年纪大小、职位高低,统称老张、老李或老王的时候,那里头已经带着了解、亲热和尊敬的混合意味了。"柳青在这里出于小说的需要,把谈话双方局限于农村群众和党政干部,其实"老"的这种意味早已具有社会性和全民性。设若我们在街上遇见一个熟人,如果直呼其名，就显得有点生疏，不太礼貌，而如果称之"老×"就有了亲近感。周总理直到晚年还称他的夫人为"小超"。漫画家丁聪，虽已是耄耋之人，仍被同事们亲切地称为"小丁"。许多汉外词典和外语教科书可能正是受了汉语词典释义的影响，而把"老"、"小"或者音译成相应的外语，而且第一个字母用大写；或者把它们意译成为表示年龄大小的形容词。这都没有反映出这两个字的感情色彩，且极易引起外国人的误解，以为"老"、"小"是姓，而把其后的姓误以为是名；或者以为："老×"都是老年人，"小×"都是年轻人。

对具体词的感情色彩研究得不深入的另一种表现，是对同一个词的感情意义，不同的词典标注各不一样。以俄语词典为例，аленький（红红的），苏联科学院编的《现代俄语文学语言词典》注为 алый 的"指小，表爱"，《大俄汉词典》（黑龙江大学词典编辑室编，商务印书馆，1985）注为"指小表爱"，而《俄汉大词典》则注为"指小"，没有表爱色彩。серенький（灰色的），《现代俄语文学语言词典》注为 серый 的"表爱及表卑"，而《俄汉大词典》则注为"指小及表爱"，等等。

凡此种种，都说明词典界对词的感情色彩还没有足够重视，研究还很不深入。词的感情意味较之词的概念意义，研究起来更加困难，要彻底解决这一问题，还有很长的路要走，还需要付出艰辛的努力。

（原载《辞书研究》2000 年第 2 期）

从辞典的科学性谈鉴赏辞典的性质和归属

一

辞典的生命在于质量,没有质量,辞典就失去了存在的价值。而辞典质量的首要标志便是高度的科学性。这里之所以在"科学性"之前加上"高度的"三个字,是为了强调它在科学性方面比其他著作有着更高的要求。正因为它有高度的科学性,它才具有了权威性,被称为"标准书",成为读者的老师。所以,"典"即典范性,应该是辞典的一个重要特征,有时也可作为界定辞典的一个标准。近些年来出现的辞典质量滑坡现象,从反面进一步证明了在辞典编纂中坚持科学性的必要性和重要性。

所谓科学性,对辞典而言,就是指辞典提供的信息和知识必须是:①客观无我,能反映当代社会的观点和科学的发展水平,而不应该是一人一时的主观臆断或有争议的某家之言;②准确无误,言必有中,符合词目的实际;③可靠有据,"无一字无来历,无一说无确证";④严谨一贯,各项编写原则、编写体例等必须贯彻始终,不能前后不一,左右打架。

辞典的科学性贯穿于辞典编纂的全过程。从辞典的总体设计到体例撰订、词目选立、义项划分、词义诠释、语音语法修辞的各种标注、例证的选择,直至终审定稿,无论哪个环节出了问题都会影响到辞典的质量。但其中最为重要的,在我们看来,还是词目的选立和对词目的解释。

二

关于"鉴赏辞典"的性质和归属问题,《辞书研究》上已有多篇论文予以论述,正反意见都有。本文仅从科学性的角度,通过对一般词典和鉴赏词典在功能、词目和释文上的比较谈谈个人的一点看法。由于目前出版的鉴赏辞典品种繁多,体例、内容不尽一致,实难一概而论。我们讨论的将是如《世界短篇小说名著鉴赏辞典》(北京燕山出版社)和《历代诗词名句辞典》(作家出版社)等一类的鉴赏辞典。

(1)辞典的功能。一般辞典的功能是释疑解惑,解决的是是和非、正和误的问题,而鉴赏辞典的功能是"鉴定和欣赏",说的是美和不美、好和不好的问题(实际上没有鉴定的内容)。是和非有它的客观标准,这个标准就是客观事物本身。辞典如果硬要把"桌子"解释成"椅子",那就是谬误,因为它不符合客观实际。而"美"是一个相对概念,常常因人因时因地而异,没有一个统一明确的衡量标准。同一首诗词,有人说很美,有人却说一般,有人认为这个句段美,而有人却认为那个句段好。各人的思想水平、文学修养、生活经历、情趣爱好不同,只能是见仁见智。《外国名诗鉴赏辞典》(中国工人出版社)的编者也认为:"诗无定评,特别是外国诗尤难进行公认的索解,我们不以权威自居,而是在鉴赏文字中发一已之言。"(着重号系引者所加。)还有的说:"诗的鉴赏是一种微妙而难以穷尽的审美活动",对它的鉴赏"绝非易事,我们这本书很难达到满意的程度"。① 诗,有的一读了然,再读亦无异解,而有的则屡读屡新,屡进屡得。所以,这些编者们的话也并非全是出于自谦,是否还可以看作是针对审美标准的模糊性而作出的一种实事求是的表白。

(2)辞典的词目。一般辞典通常以语言单位作为收录的对象,如词素、词、熟语、术语等。它们都有其社会公认的、大家约定俗成的形、音、义,不容许任何个人随心所欲地对它进行解释。而鉴赏辞典的词目是言语作品,或句子或篇章,或诗词小说、戏剧等,大到像托尔斯泰的《战争与和平》这样的宏篇巨著,小到几个字的短句。它们都是个人意志的产物,其中除了语言因素外还含有许多作者个人的主观成分,如作者的构思、寄托、联想、情感以及语言的运用等。这些作品所表达的思想远非词语的字面意义所能涵盖,仅凭借语言手段要想把它们剖析得恰如其分、丝丝入扣,符合原作的本来面目,应该说是很不容易的。且不说作品的意象、风格和技法等,单就语言本身的意义而言,有时也会有难断之处。比如杜甫《新婚别》中的两句诗"生女有所归,鸡狗亦得将",仇兆鳌注:"嫁时将鸡狗以往,欲为家室长久计也!"杨伦改注:"嫁鸡随鸡,嫁狗随狗。"李白诗句"俱怀逸兴壮思飞,欲上青天览明月"中的"览"字,既可解为"观赏",也可以解为"揽",即"拥抱"的意思。究竟何者为作者的本意,恐怕得颇费一番斟酌。毛主席词中有一句名言:"雄关漫道真如铁,而今迈步从头越",其中"漫道"二字,

---

① 见飞白主编《世界名诗鉴赏辞典》"前言",漓江出版社。

周振甫注释为："枉然说,徒然说"(见《毛主席诗词讲解》第 17 页,中国青年出版社,1958 年),但后经其英文翻译学者询问,毛主席说,"漫道"指的是"漫长的道路"。

更何况鉴赏辞典的词目中,有的是他人从外文翻译过来的诗作,又将何以能对它作出正确的赏析呢?!须知,"诗比任何其他文艺形式都更加依赖于本国的语言"。[①] 有的词目是从原作中摘取的个别句子或句段。这些孤立的句子或句段,有的由于脱离了它们依存的语境而变得平淡无奇,失去了原有的风采和欣赏价值,如"大风起兮云飞扬"、"谁家女儿对门居"、"他人骑大马,我独跨驴子"等;有的则由于对原作析解不妥,割裂了句与句之间的有机联系而变得难以理解,如李清照词《如梦令》,只收"试问卷帘人,却道海棠依旧"、"知否,知否,应是绿肥红瘦"而略去词的首句"昨夜雨疏风骤,浓睡不消残酒",从而使后两句失去了存在的前提条件。[②] 名著不等于说它的每一句话都是名句,每一句话都可单独充作词目。

还有些鉴赏辞典的词目,由于原作的篇幅太长,只有作品名称而无原作正文。为了帮助读者了解作品内容,辞典编者在词条中增加了一项既不属于词目,又不属于释文的"内容介绍"或曰"内容提要"、"故事梗概"等。我们即使假定这个介绍浓缩得准确,读者通过它也只能了解作品的大致内容,而无从体味原作的艺术特色。如果读者是读过原作的,那么这个介绍本身就是多余的。

---

① 见飞白主编《世界名诗鉴赏辞典》"前言",漓江出版社。
② 以上例证均引自《历史诗词名句辞典》。

(3)辞典的释文。一般辞典的释文是对作为词目的语言单位本身的解释和说明,而鉴赏辞典的释文所赏析的却是词目作品的言外之意,如它的主题思想、写作技巧等。这其实是鉴赏者个人对原作的体会和感觉,是在原作基础上产生的另一新作,就其性质而言,更接近于文学。王朝闻先生在谈到文艺鉴赏时说:"它比文艺批评更带感情因素,在某种意义上也是一种创作。"①在鉴赏辞典的编者中也有人自称其所撰写的赏析文"本身即可当作一首优美的散文诗来欣赏"②。

其次,在鉴赏辞典的释文中很少有或者根本就没有有关语言方面的注解,而理解作品的语言恰恰是赏析作品的前提。言语作品是通过语言的词汇和语法表达出来的,因此在一般情况下,只要弄懂了作品中每个词语的确切意义及其之间的语法联系,就能明白整个作品的大意。如《历代诗词名句辞典》中收的"人生七十古来稀"、"此处不留人,自有留人处"、"风乍起,吹皱一池春水"等词目,都是些一看自明的句子,完全用不着编者帮助"赏析"。古诗词看不懂,也首先在于语言上的障碍。如果连句意都不懂,赏析又从何谈起?

至于赏析本身,一是显得粗略简单了一点。在整个释文中它与"作者介绍"、"内容提要"所占的比重相差无几。果戈理《钦差大臣》的释文共2310字,"内容提要"就占了1023个字。潘诺娃《一年四季》的"作品赏析"和"内容提要"也几乎是各占二分之一的篇幅。③ 二是赏析内容大都偏重于作品内容的阐释,很少或者几乎没有有关作品语

---

① 转引自《辞书研究》1991年第6期,第55页。
② 《世界散文诗鉴赏大辞典》的"说明",北京广播院出版社。
③ 见《外国文学名著赏析词典》第113-115页、256-261页,浙江文艺出版社。

言艺术的分析。有的赏析文只是在内容分析之外,再加上诸如"语言朴实无华、情节生动曲折、笔法灵活多变"一类的套话,使人读后仍然悟不出作品的美之所在。而有的赏析文则完全是对原作句意的解释,如《历代诗词名句辞典》中有:

人逢喜事精神爽

闷上心来瞌睡多(吴承恩《西游记》三十五回)

[析赏]人有喜事的时候,精神总是特别振作活泼,心头一愁闷,往往就想打瞌睡了。"人逢喜事精神爽"常用来形容人有喜事时的春风满面。

有缘千里来相会

无缘对面不相逢(施耐庵《水浒传》三十四回)

[析赏]这两句是说人生在世,人与人之间相会际遇,全在一个缘字——彼此如果真有缘分的话,即使相离千里也会来相会;如果两人无缘的话,即使曾相互对面,也不会相逢相遇。

三

综上所述,我们认为,鉴赏辞典,无论就其功能、词目而言,还是就其释文而言,都和一般辞典不同,难以达到一般辞典所必须具备的高度科学的要求。它的目的正如《外国文学名著赏析词典》,(浙江文艺出版社)在其"出版说明"中所说,是"为了普及外国文学知识,帮助读者择要了解不同国别和地区的文学在不同时期的作品概貌"(着重号系引者所加),而不是对作品作高品位的"鉴赏"。因此,它似乎该属于通俗的文学辅导读物,与《唐诗三百首详析》、《白居易诗选》等一类文学读本丛书没有什么本质的差别,不应归入辞典之列。就连词目的编排,有的鉴赏辞典也和这类读物的目录一样,以国家、作者为单位排列,同一国家的作者按照时间的先后或名字的音序排列。

有人说,在艺术赏析中"'见仁见智'是理所当然的事"①。不错,"见仁见智"在许多著作和领域中,不但是容许的而且受到赞扬和鼓励。但"一己之言"有错有对,有深有浅,而辞典乃典范之作,它的科学性和权威性要求它的一言一语必须客观、正确,能反映当代社会的认识成果,而不是任何个人的"一己之言"。另外有的人虽然也承认"即使篇篇赏析文章都出自名家手笔,也无法使它具有规范性和权威性",但为了给鉴赏辞典争得一个"辞典"的名称,却又不惜降低辞典标准,认为:鉴赏辞典"没有必要像一般词典那样强调规范性和权威性"。②不知为什么:"辞典"的名称对于鉴赏辞典竟然如此重要,非要大家削足适履不可。

有人说,鉴赏辞典除正文外,还有许多查检性或知识性的附录,因而也就体现了工具书的特点。③ 不错,一定的附录可以帮助读者更好地使用该辞典,扩大某方面的知识。但是,我们在判断辞典的属性时,首先依据的是它的正文,而不是附录。许多辞典都只有正文而没有附录,难道我们因此就不承认它们是辞典了吗?如果我们略去《现代汉语词典》正文后的《汉字偏旁名称表》、《汉语拼音方案》等几个附录,它是否因此就不再是辞典了呢?

有人说:"群众批准就是合法存在的前提。"鉴赏辞典受到广大读

---

① 沈伟麟《鉴赏辞典刍议》,《辞书研究》1992 年第 2 期。
② 杨起予《鉴赏辞典小议》,《辞书研究》1989 年第 5 期。
③ 祝注先《关键在"典"》,《辞书研究》1991 年第 6 期。

者的欢迎,发行量很大,经济效益可观,似乎可以说明读者已经承认它是辞典。但是,首先应该弄明白,读者批准、欢迎的是鉴赏辞典的名称还是它的内容。其次,受欢迎,卖得多,不一定非得是辞典不可。社会上流行的许多文学辅导读物并没有冠以"辞典"之名,不是照样受到读者的青睐,很畅销嘛。

还有人说,科学性不能作为界定辞典的标准,因为它不是辞典的专有属性,其他著作也有此特点。① 我们认为,界定辞典应该有多项标准,各从不同的角度对辞典加以规定。不能否认,科学性也是一个重要的方面,只不过它的内涵和要求有别于其他著作而已。

(原载《辞书研究》1997年第2期)

---

① 黄建华《词典论》,上海辞书出版社,1987年。

词书评论

《俄汉搭配词典》读后

最近一段时间,闲暇无事,为了锻炼脑力,翻阅了一下《俄汉搭配词典》[①]。读后,总的感觉是,词典编者在指导思想上有贪多求全、重数量而轻质量的倾向。具体表现是收词、收义多,词的搭配模式多,搭配的例证多,但多而不当,多而杂乱无序,多而无益。现在我们示例分述于后,与编者磋商,不当之处请指正。

一、搭配词典的收词

如果从语言和言语、理解和运用的角度把词典进行分类的话,搭配词典基本上属于后者。它的主要任务是揭示词的搭配能力和规律,指出该词可以用哪些手段、哪些形式和哪一类词汇、语义类别的词结合;其目的就是解决词的运用问题,帮助读者发展言语能力,提高说话和写作水平,因而它不必顾及词汇、语义的系统问题,也不必刻意照顾词汇在不同专业的覆盖面。它的选词标准主要是词的交际值和搭配值,即该词在现代人际交往中所起作用的大小和同其它词组合能力的

[①] 该书主编孙致祥,商务印书馆出版,2003年。

强弱。据此推之,比如:

(1) 现代生活中已经不用或少用的词可以不收,如"барин[旧俄]贵族,地主老爷、东家。баба①[俗](已婚的)农妇,粗俗的女人;婆娘;②[俗、方言]老婆,以及 барыня, барский, бабий"等①。

(2) 搭配能力弱,只和个别少数词组合的词可以不收,如"назревать(幼芽、芽苞)长大;[口]脓疮灌满脓"只和 почка, нарыв 等几个词连用。又如"маска 戴面具的人"、"кольцо[复]吊环",搭配面也很有限。

(3) 可以自由地同其它词组合且又不大常用的词可以少收或不收,如"пленный 被俘的, майский 五月的, эксплуататорский 剥削者的"等。

(4) 搭配形式和用词范围基本相同的同根词可以不收其派生词,如"большой 大的, небольшой 不大的, больший 更大的, наибольший 最大的"只收 большой 即可。收了"коммунистический 共产主义的, империалистический 帝国主义的"就可以不收"антикоммунистический 反共产主义的, антиимпериалистичекий 反帝国主义的"等。

根据对不同语言词汇使用频率的统计,一般认为掌握 2500 – 3000 个最常用的词即可满足日常生活交际的基本需要。何况这 3000 词中,从搭配价值看有些词还可以不收。即使以 3000 词作为标准,我们再加上 1000 个词,也只是《俄汉搭配词典》收词量的一半。收词 8000 条,确实有点多。

---

① 文中所举例证全部来自《俄汉搭配词典》,恕不一一注明。

二、搭配词典义项的设置

《俄汉搭配词典》是双语词典，在多义词的义项设置上应该以原语词典为据，但是考虑到搭配词典的功能和对象，对原语词典的义项做一些取舍或调整也是必需的。但见词义就收或任意地合并词义却是不可取的。

词义是影响词的搭配诸因素中最重要、最直接、最普遍、最活跃的一个因素。词的搭配能力和范围受制于词的意义，不同词义往往都有不同的搭配手段、搭配形式和搭配范围。如果把几个搭配形式或用词范围不同的词义硬撮合在一起，则不仅破坏了原语词的语义结构，模糊了词义界线及其发展演变的轨迹，而且也给词的搭配造成不必要的混乱。比如：воспитывать 在原语词典中有两个义项：①"教育，培养"；②"把…教育（培养）成…"。前者的接格关系是"～ + кого – что"，后者为"～ + кого – что + кем – чем（或 каким）"或"～ + из кого – чего + кого – что"，而《俄汉搭配词典》将其合而为一。这就抹煞了两个义项各自特有的搭配形式之间的差别，可能导致读者的误解误用。

即使是词的基本意义与引申意义、直义与转义，如果搭配形式与用词范围不同，也应该分开为宜，如"выбираться（费劲地）走（驶）出"和"（好不容易地）摆脱"是两个词义，《俄汉搭配词典》将其混在一起，给的搭配模式是："～ + откуда（из чего），～ + откуда（из – под чего），～ + из чего，～ + куда（к кому – чему），～ + куда（на что）"，但实际上只有"～ + из чего"才适用于它的引申意义。对后者不能提

откуда，куда 的问题，且后者搭配用词多表示"境况、状态"，而前者则多表示"处所"。

需要指出的是，上述情况在《俄汉搭配词典》中并非个例，而是带有一定的普遍性。

至于见词义就收，如"долой[口]离开、拿开、滚开；打倒；脱掉。мозг 脑，脑髓；骨髓；(复)人才。заяц 野兔；兔皮；兔肉"等，其中有的意义无论从交际值还是搭配值来衡量，都可以不收。多收不见得益善。

三、词的搭配模式的建立

词的搭配模式源自于词在语流中的联系方式，但这并不等于说一个词有多少联系方式就要在词典中列出多少个搭配模式。词与词之间的联系多种多样：就其性质而言，有直接联系与间接联系、支配联系与附加联系、自由联系与必须联系之分；就其使用价值而言，有重要与次要、常用与不常用之分。我们在建立词的搭配模式时，理应选择那些常用的、典型的，在词义和语法上与条目词有直接联系的成分和形式，而不要或尽量少收那些与条目词没有直接联系或关联不大的。比如：

（1）внизу（在下面，在底下）有两个搭配模式：①"动词 + ~，如лежать ~ 躺（放）在下面"，②"кто - что + 动词（第三人称）+ ~，如книга лежит ~ на полке 书放在柜子底格"。这第二个模式就是多余的，因为 кто - что 的选择对 внизу 的使用没有任何影响，副词只与动词发生关系。

(2) 形容词 надлежащий(适当的)与动词的搭配模式:"动词 + ~ее + что, 如 принять ~ие меры 采取适当措施",纯属"节外生枝",形容词与动词无论在语法上还是意义上都无必然的联系。

同例又如 лук(葱)之于动词:"жарить мясо с ~ом(或 без ~а)煎肉(不)带葱",与 лук 直接相关的是 мясо。

(3) март(三月)的几个模式:"что + за + ~, 如 зарплата за ~ 三月份的工资;что + на + ~, 如 график на ~三月份的进度表;что + 前置词 + ~(相应格)①, письмо от ~三月份来的信"。这些模式所表达的都是主导名词 зарплата 等的用法,март 是从属词,读者如果想要了解这些搭配,一般是不会查找它的。

另外还有一种在动词词条中频频出现的模式:"动词 + ~",如 изучать(学习),"хотеть ~ 想学习,собираться ~ 打算学习,решить ~ 决定学习,перестать ~ 中止学习"等。这其实是俄语语法中动词性合成谓语组成的一条规则,前个动词为助动词,表示开始、结束、继续、终止或各种情态色彩,后者不定式为主导动词。语法规则具有概括性,它适用于一大群词,因此它们的组合并不是某个动词的搭配特点,不应收入词汇搭配。

四、词的搭配模式的标注

搭配模式的标注可以有多种方法:一是只标出语法形式,如词的接格关系等;二是通过疑问词提问标出搭配的语法意义,如 куда、как

---

① 前面模式中的 за 和 на 难道不是前置词,为什么要单列出来?

等;三是把二者结合起来,先标出搭配的语法意义,然后再标出表达该意义的各种语法形式。这种意义与形式兼顾,以意义统领形式的标法,可以做到条分缕析,既便于理解,也有助于记忆,所以为多数编者所采用。但是不管采用何种方法,标准一经决定就必须严格执行,贯彻始终,绝不许各行其是,任意而为。从《俄汉搭配词典》的"说明"中可以看出,它所采用的是第一种方法,即"搭配按接格关系分组",但在实际操作中却是五花八门,什么标法都有。且不说不同词目的标法,即使同一义项下搭配模式的标注,也时而这样时而那样,不能一以贯之。比如动词 идти 的一个义项"行走,去,来",搭配模式共有 27 种之多,其中绝大部分是只标注形式,如"~ + во что, ~ + на что。~ + к кому – чему, ~ + 副词, ~ + из чего, ~ + с чего, ~ + от кого – чего, ~ + по чему, ~ + через что, ~ + мимо чего, ~ + впереди кого – чего, ~ + между кем – чем"等,但也有形式与意义并标的,如"~ + как, ~ + за кем – чем(где), ~ + где(перед кем – чем)"[①]等。

在这 27 个模式中有三个"~ + 副词",两个"~ + за кем – чем"。既然模式相同,又何必分别列出?如果彼此不同,为何又不标出所异?[②] 读者读过这些杂乱无序的搭配模式的堆积,只能是一头雾水,不得其要领。

其次,语法意义和语法形式在数量上并不总是对等的:一种语法意义可以有多个语法表达形式,一个语法形式也可以表达多种语法意义。如果只按语法形式标注搭配模式,就可能曲解其语法意义,比如

---

① 不知为什么前一个括的是 где, 而后一个括的却是 перед кем – чем?!
② 如果按意义标注就可以避免这种尴尬,将三个"~ + 副词"改为"~ + куда, ~ + откуда, ~ + где"。

болеть(痛)的搭配:"~ от кашля 咳嗽得痛, ~ от голода 饿得痛, ~ от дыма 烟熏得痛"等,《俄汉搭配词典》标注为"~ + от чего",似应理解为间接补语,而实际上它所表示的是原因关系,应为отчего。又如一致定语和非一致定语在俄语中表达的都是限定关系,但《俄汉搭配词典》对它们的标注却不相同,对前者用的是 какой,视为定语,而对后者用的却是带或不带前置词的名词间接格,意为补语。试比较:

主导词	例证	提问	译文
голова	круглая ~	какая	圆头
	~ огурцом	чем	黄瓜型头
лицо	красивое ~	какое	漂亮的脸
	в морщинах	в чём	满是皱纹的脸
коляска	открытая ~	какая	敞车
	~ без верха	без чего	不带顶篷的车

其三,须要提及的是某些搭配形式标注的用语不当,自相矛盾。比如,①同一个语法形式用不同的词语表示,如对动词谓语的表述,时而用"~ + 动词(第三人称)"(мышь разводится быстро 老鼠繁殖快),时而用"~ + 谓语"(зал вмещает 1000 человек 大厅可容纳一千人)。② 同一个语法术语的外延忽大忽小,如 куда 本包括所有表示行为方向意义的语法形式,但在"выбрасывать(扔出)+ куда"的模式中,它只指表示方向意义的副词(~ вниз 往下扔, ~ наружу 往外扔),而其它的如"в окно 往窗外扔, на улицу 往街上扔, за дверь 向门外扔"等形式则全被排斥在外,分别另条标出。

五、词的搭配例证

《俄汉搭配词典》在搭配例证的选择上,我们认为有以下几点不妥:

(1)不该把固定词组和词的一般搭配相混淆。固定词组和词的一般搭配有着本质的区别。固定词组的各个成分是不独立的,它们形成一个整体,相当于一个词,表达一个概念,起一种句法作用,一般不能随意拆开或更换,因此是封闭的。而在词的一般搭配中每个词在语义和语法上都是独立的,分别表达不同的概念,各自的句法作用也不相同,讲话者可以按照自己的意思变更其单词或语法形式,因此是开放的。读者如果把固定词组当作一般搭配来理解和使用,那就必然要犯错误。下边是混淆的一些具体表现:

1. 把固定词组作为一个独立的搭配模式与一般搭配模式等同视之,并列一起,如 колыбель(摇篮),并列的有两个模式:①"动词 - +前置词 + ~(相应格)(биться в ~ и)";②"в(或 от, с) ~ и"。这后一个模式实际上是两个形式和意义均不相同的固定词组:"в ~ и(第六格),在孩提时"和"от(或 с) ~ и(第二格),从童年起"。它们和"摇篮"有关,但并不指摇篮,而且形式固定。把这两个只是由于名词格的形式用的是同一个字母就将其合并成一个词组,实在是荒唐之极,更是一个不可容忍的低级错误。又如 вчерашний(昨天的)的两个模式:①" ~ ее + что";②"动词 + ~ его дня(相应格)"。从后一个模式的两个例证看:"искать ~ его дня [口,讽]缘木求鱼","жить ~ им днем 照老黄历过日子",它实际上是按照两个固定词组的组成人为地硬拼起来的一个模式,而且补语为什么不是 день 的相应格,而一定是 дня 的相应格?

2.在词的一般搭配的例证中不加区分地加进固定词组,如 глаз(眼睛)的一个模式"动词 + ~a"中,既有自由搭配"открыть ~a 睁开眼睛",又有固定词组"протереть ~a(头脑)清醒过来,высмотреть ~a[口]望眼欲穿"。

3.把固定词组"идти навстречу кому–чему"的词义"协助"作为词目 навстречу 的一个独立意义收入词典,不可思议。

(2)自由搭配例证的选收掌握不严。自由搭配的用词,只要不违反逻辑,一般几乎是没有限制的,因此最好只选那些有代表性、启示性,可以举一反三的词例,多则会使词典膨胀,徒增读者的负担,如 большой(大的)共收了 66 个例证,显然多了。

有些同属一个义类、一个语义场的词,可择其一二作为例证,不必列举太多,如"искусство(技巧、技艺) + кого"的例证:"~ отца 父亲的技巧,~ спортсмена(或 учителя, шофёра, повара)运动员(或教师、驾驶员、厨师)的技巧,~ столяра 木工技艺,~ руководителя 领导者的技术";又如"воспитывать(教育、培养) + кого–что"的例证:"~ детей(或 сына)教育儿童(或儿子),~ школьников(或 студентов)培养(大)学生,~ крестьянство(或 молодёжь)教育农民(或青年)"等,起码括号中的词可删。

另外,有些搭配例证中夹进一些句子完全没有必要,如 заяц(野兔)的搭配"动词 + 前置词 + ~(相应格)"下的几个句子:"охотник убил двух ~ев 猎人打死两只兔子"和"собака гонит ~a 狗追赶兔子","собака подняла ~a 狗把兔子惊起"等,这些句子中的主语对掌

握 заяц 的意义和用法毫无帮助。

（3）有些例证缺乏时代感，可以不收，如："христианский социализм 基督教社会主义, степенный барин 有品级的贵族, губернская барыня 省城的贵族, модный магазин [旧] 时装商店, модная лавка [旧] 时装店"等。

最后，应该客观地说，词典的工作浩繁而又庞杂，要做到尽善尽美，一点纰漏不出，是很难的。但是在经过一审、二审、终审和多次校对之后，还出现一些常识性错误却是很少见的，是对读者的不负责任，应该引起我们的重视。

（《辞书研究》将择期发表）

谈《大俄汉词典》中的
一些疏失

关于词典在维护语言规范、提高人们语言修养、辅助语言教学方面的作用,已有过不少赞语。有人说,词典是语言的最高权威,是标准语的立法者、倡导者和宣传者,是人们识字用词的无声老师,这充分说明了社会对词典的重视、信任和期望。但是。要编好一部词典,使它能真正起到上述的作用,却绝非轻而易举。这要求词典的编者不仅要有渊博的知识,较深的语言学造诣,而且要有对人民高度负责的精神、严肃认真的工作态度和踏实细致、一丝不苟的工作作风。粗枝大叶、马马虎虎、急于求成是词典编纂的一大忌讳。由此所造成的错误,有些是技术性的,如规格体例不一、标点符号使用不当等;更多的错误是语言性质的,涉及到词的意义和语法、修辞等特征。它们对读者的危害较大,有些错误可能贻害读者终生。因此,任何词典的编者都不应该以所谓"疏忽"为借口而原谅自己的过错,应该自始至终、时时刻刻、坚持不懈地从各个方面把好词典质量这一关。没有质量,词典就失去了生命。

近年来,由于工作关系,笔者翻阅了《大俄汉词典》(黑龙江大学俄语系词典编辑室编,商务印书馆出版,1985年)的一些词目,发现其中疏失不少。为了群策群力,提高词典质量,不揣冒昧提出来供编者修订时参考。

(1) **技术性疏漏**

1. 词目顺序颠倒,如 полубродяга 放在了 полубродяжий 词目之后。

2. 释义中圆括弧的使用无一定规则,如 краснеть 第 4 义的译文"(红色的东西)显出,呈现出来",括弧表示"红色"不是词义的组成要素,但在 чернеть 第 2 义的译文中"显出黑色(东西)来","黑色"又没有括起来,似乎又承认它是该词义的一个要素。应该说,不括是对的。因为此类动词都是由表示颜色的形容词的词根构成的,如果去掉了词根所表示的"颜色"义素,那它和 виднеться 等其他动词的词义还有什么区别呢? 同样,отдоить 的译文"①挤完奶,②挤些(牛奶等)"中,第 1 义项内"奶"没有括,在第 2 义项中又把它括起来。实际上,"奶"应该是该动词词义的一个义素。如果认为"着重指牛奶"这种附注是必要的话,那么 1 解中也应该这么做。

又如:подслушать"偷听到,窃听到,暗听到;<军>截听"和 купить"①买(到),购买(到);收买"。有的译文有"到",有的没有"到",前一动词译文中的"到"没有用括弧,后一动词译文中的"到"又全都括了起来。

3. 在动词的人称标注中,对"第一、二人称不用,只有第三人称形式"的标法不统一:有的用文字说明,如 белеть"②[第一、二人称不用]呈现白色";有的用只标出第三人称形式的方法表示,如"болеть[2],~лит 疼痛",有的既不作文字说明,也没有专门标出第三人称形式,如 краснеть 的 4 解、синеть 的 2 解等。

4. 对动词体的确定自相矛盾,如在未完成动词"ежиться"下注 поежиться 是它第 1 义的对应完成体,但在完成体 поежиться 词目中却并没有引见,而是把它作为一个独立的动词处理。可是,从两个词有关义项的译文看,它们的意义又基本相同:"ежиться①(因病、冷等)蜷缩,畏缩;(眼睛)眯起来","поежиться①瑟缩起来;蜷缩起来;畏缩起来"。在前苏联出版的几本主要的俄语词典中,只有旧的 4 卷本科学院词典曾经把 поежиться 作为 ежиться 的对应完成体,但在新的修订本中已改为 съжиться,而将 поежиться 看作是独立的单体动词。

5. 同音词和多义词的界分前后不一,如 жировать 和 пожировать,前者作同音词处理,分列两个词条,而后者又作多义词处理,合并为一个词条。

6. 修辞注释中出现不应有的差别,如 позамять <口语>,但 позамяться <俗>。经查对,这种差别的产生是由于所依据的原文词典不同。在苏联科学院编的 17 卷本《现代俄罗斯文学语言词典》中,这两个词的修辞标注都是"口语";但在 4 卷本《俄语词典》中 позамяться 注为"俗",而它又没有收 позамять 这个词。编者可能为了求新,一个按 4 卷本注,一个按 17 卷本注,结果造成了这种不协调。

(2) **语言性失误**

这里只谈词的语义方面。失误主要有下列情况:

1. 张冠李戴,词义完全译错,如把 повывозить 译为"赶出,驱逐出(全部或许多)"(应为"分几次运出全部或许多[人或物]")。此误可能是由于校对不严,把下一个词目 повыгнать 与它相混所致。又如把 полицмейстерша 注为"полицмейстер 的女性"(应为"警察局长之妻")实际上它和 полицеймейстерша、полициймейстерша 只有语体上的差别,并无词义上的不同。

2. 以偏概全,漏译部分意义,如:полоток"半只咸鸡(熏鸡);半条咸鱼(熏鱼)"。苏联科学院 4 卷本《俄语词典》的释义是"половина копченой, вяленой или соленой птицы, животного",应为"半只熏、风干、咸禽(肉)、兽(肉)"。

подрулить"<空>①(飞机在地面上)滑行到…跟前②что 使(飞机)滑行到…跟前"。实际上此词不只用于航空,也并非专指飞机,还可表示船、车等交通工具的滑行。

подсветить"从下面照射;补充照明",漏掉"сбоку(从旁边照射),слегка(弱光照射)"两个分义(试参照该词典 подсвет 的译文"从下面照明的光;从旁边照射的光;弱光"等)。подрегулировать"稍加调整",漏掉"дополнительно(补充调整,再调整)"一层意思。подпутать"弄错,搞错",漏掉前缀意义:немного, слегка(稍稍,稍许)。

3. 分义界限不明,词目译文不准确,如:позабивать"钉入(全部或许多),一个一个地钉入",从译文看,似乎为两个分义,但中间用的又是逗号。正确的释义应该只有一个意思:一个一个地钉入(全部或许多)。"钉入(全部或许多)"是 позабить 的词义。

又如"подослать 再派来(去),再寄来(去);再派一点,再寄一点",应是"派一点,寄一点;再派,再寄"。некого подослать(无人再派)就没有"一点"的意思。

4. 同根词的词根译文前后互不照应,造成混乱和谬误。试比较下列同根词:

лезть"①攀,爬(上、下)②钻(进,出),爬(进,出)"－полезть"①攀上去,爬上去②钻进去,爬进去"。后者 1 解不能"下",2 解不能"出",但达里词典就有"полезть вниз(往下爬)"的例子。它们之间的真正区别仅在于后者 по－的前缀意义:"开始(攀、爬、钻)"。

тренькать"叮咚乱弹(弦乐器)"—подтренькивать"低声弹着伴奏"。依据原文词典对后者词义的解释"тренькать в аккомпанемент кому－чему－л.",派生动词与非派生动词相比,词根意义并无变化,只是多了"伴奏"一个附加意义,译文中从何生出"叮咚乱"和"低声"的区别来? 照此推去,非派生动词 дрыгать"急剧地抽动,抖动,蹬动(一般指腿)"与派生动词 подрыгать"颤动,哆嗦(若干时间)"在词根译文上的差别,也是不应该有的。后者的附加意义"некоторое время"也不宜译为"若干时间"并用括弧括起,似可改译"急剧地抽动一阵,抖动一阵(多指腿)"。

另外,在某些及物动词与相应的不及物动词的同一义项的释义中,类似的矛盾也有,如 позапирать"逐个锁上,闩上;(一个一个地)锁起(全部或许多)"—позапираться"(全部或许多东西)逐个锁上,一个一个地闩上",把"全部或许多"从后一个分义换到了前一个分义上,等等。

名词同根词,如 шкипер"①＜旧＞商船船长②无动力装置的轮船长③(海轮上的)缆具管理员,帆缆管理员"和 подшкипер。"①(商船的)副船长,大副②＜旧＞(军舰的)帆缆管理员"。原文词典对под－шкилер 的释义是"помощник шкипера",并未指出它们在修辞色彩上有什么不同。也不知译文中为什么把后者 2 解"帆缆管理员"只限制在"军舰",而不可用于"海轮上"。

5. 混淆动词词汇意义和语法意义的界限,在以完成体立条的动词释义中加进"完"、"好"、"到"等表示完成体意义的词,如:отдоить"挤完奶",начинить"修理好,补好(若干)",подслушаь"偷听到"等。众所周知,动词体的对应形式是一个动词的不同语法形式,就像一个名词的不同格的形式一样,其词汇意义应该是相同的。因此,动词不管在词典中以哪一个体的形式立条,它都是作为两个体的代表出现,表达共有的词汇意义。加进完成体意义的解释与对应的未完成体动词的语法意义是不相容的。

　　6. 译文不规范,如:

　　полуинтеллигентный"半有知识的",似可改译"没有多少知识的;半个知识分子的"。

　　полузвериный"半兽性的",似可改译"有点凶残的,带点兽性的"。

　　подсушиться"成为有点干燥",似可改译"变得有点干燥"。

　　据我们观察,造成上述失误的主要原因,一是参加编写的人员很多,各写一部分词目,又"各自为政",互不参照。二是依据的原文词典不同,标准不统一。有些注释源自乌沙科夫词典,有些则源自17卷本或4卷本科学院词典,有些则源自达里词典或其他词典。这些原文词典出版于不同年代,反映的是不同时期的语言标准,加之编者的观点不同,因此在语义、修辞、语法的注释上出现某些分歧完全是正常的。但如果把这些来自不同原文词典的词目收入到一本词典中,而又原封不动地照搬它们原来的注释,那就必然会出现矛盾或某种不协调,露出拼凑的痕迹。三是编者对原文词典的注释钻研不够,过于粗心。

但是应该指出,"任何词典的编者都不能完全不出错误",即使是最好的词典也不能指望它绝对正确,没有一点纰漏。更何况《大俄汉词典》先后有八九十人参加编写,收词15.7万多条,出现一些失误,是完全可以理解的。然而作为读者,总是希望词典尽量编得好一些,把失误减少到最低限度,想来这也是可以理解的。

(原载《辞书研究》1993年第3期)

对《俄语教学词典》词义注释的几点批评

最近浏览了四川外语学院俄语系编、四川人民出版社出版的《俄语教学词典》(上册,以下简称《俄词》)中一些词目的注释,感到虽不乏重视汉语特点、词义剖析深刻、用法描述精细之处,但从注释撰写的一般原则和总的要求来看,似乎尚有值得注意和商榷的地方。

一、关于注释和其他项目的关系

俄语教学词典的释文,主要由译文和注释两部分组成,有的词目还包括辨异。因此,如何明确各个项目的作用和范围,协调好它们之间的关系,使其既能互相补充、相得益彰,又不彼此重复,便是一个首先需要解决的问题。

《俄词》的读者一般都具有相当的汉语水平,对汉语词义能较好的理解,因此如果词目的汉译文能够准确地反映出原语词义,就可不必再另加注释。我们不能为了注释而注释,要因词而异,有的放矢。在《俄词》的注释中,尽管不少词目原词词义已由准确的汉译表达出来,却仍作了已由译文表达了的词义的重复。试对比《俄词》和《现代汉

语词典》(简称《现代》)对同一词义的解释:

俄语词	译文	《俄词》注释	《现代》释文
1) изобрести	发明	指创造出以前不曾有过的新东西。	创造新的事物或方法。
2) отступать	退却,撤退	指作战部队的退却。	军队在作战中向后撤退。
3) освободить	解放	指推翻压迫和反动统治,解除压迫、束缚而使某人自由,使某人摆脱痛苦,使得到发展。	解除束缚,得到自由或发展,特指推翻反动统治。
4) мыслить	想象,设想	指思维活动,把人或事物想象成,当成什么样子,或得出某种想法。	对于不在眼前的事物想出它的具体形象;设想。

有些词的注释甚至很难说是解释,而不过是译文的另一种说法,如:

(1) нижний(穿在里面的,贴身的)——"指穿在外衣里面或贴身的"。(括号内为译文,引号内为注释,下同)

(2) облегчить(减轻…的负担)——"指减轻负荷"。

(3) врезаться(钻入,扎入,插入,刺入)——"指一物扎入、插入另一物体中"。

有些译文本身就是解释了,却又另加注释。如:

зелёный(<转>太年轻的,因年轻没有经验的)——"转义指无经验,不成熟"。

有些词,译文本来清晰明了,加注释后反而使人费解。如 низкий 对译文"低的,矮的"的注释:"……具体可指自地面往上高度不大的,自空中某处至地面距离不大的"。又如 вкус 的译文"味觉",一般人都明白它的含义,但是《俄词》却特再加以注释,说是"指舌对冰的感觉",那就很难再回到原来的"味觉"意义上了。因为舌对冰的感觉并不全是味觉。编者这里可能有意简化原语词典对该词义的解释,殊不知完全略去注释比这种走样了的简化更好。

下边一个问题是关于词汇辨异的处理。

辨异就是比较,通过辨异不仅可以揭示同义词、近义词之间的差别,而且可以更深刻地展现出每个词义的本质,因此如果辨异写好了,注释就可略去。反之亦然。如果每个词的注释都写得清清楚楚,那么它和其他词的差别也就不辨自明。辨异时,一般只须指出该词与其他词的不同之处就行了。注释着重描写词的全貌,辨异则侧重于点的不同,它们的关系也是互补的。而《俄词》中有些辨异的内容却与注释基本雷同,甚至出现分歧。如:

1) комитет(委员会)

注释:指由选举产生、对某方面工作(如党、政、军、工、团等)实施集体领导的固定权力机构,或执行一定职能的常设的国家机关。

辨异:一般由选举产生,领导某方面工作的常设权力机构或国家设立的固定机构。

2) знамя(旗,旗帜)

注释:制作比较精致,通常是彩色的,有字或镶有装饰物,用作部队、组织、国家等的标志或用以表示喜庆等。

辨异:一般制作比较精致、美观,镶有装饰物,旗上有字或象征性的图案。

3) достичь(获得,达到)

注释:指经过努力达到预期的结果或目的,获得所渴望的东西这一最终结果。

辨异:只强调达到目的,获得某成果这一事实。

还有相关词目注释之间的协调问题。

从构词方面讲,俄语中有几种类型的派生词,其词汇意义与基本词词义完全相同,只是语法属性有所变化。如由动词派生的只具有该动词的动作或状态意义的名词,由及物动词所产生的只表示反身或被动意义的动词,由形容词派生的具有与该词义一致的性质意义名词等。对这些词一般不需要再单独释义,只需指出其词义来源。而《俄词》基本上是逢词必注,结果有的与基本词注释完全相同,有的各有增减和侧重,这就容易引起读者不必要的误会或错觉。如:

достижение,注:"достигнуть 的动名词,引申意义为获得(某种成果),取得(某种结果),达到(某种界限、程度、目的)等。"

这里的注释就是该动词②③义注释的重复,而且把词义派生的顺序颠倒了。又如 беседовать 和 беседа,原语词典对前者的解释是:вести беседу,只表明动词为行为意义,名词为事物意义,而"谈话"的性质并无差别。但《俄词》对二者的注释却不尽相同:

беседовать——"指时间较长、内容详尽、态度认真或从容、知心的谈话。"

беседа——"一般指时间较长的、较正式的谈话。"

从语义系统的角度讲,同义词之间、反义词的注释也应该互相照应。如 низкий(低的,矮的)注有"指与同类事物相比是低的,矮的"。而在 высокий(高的)、большой(大的)等词的注释中却没有这类说明。好像它们所表示的性质是绝对的而不是相对的。实际上,这个注完全是多余的。

二、注释内容要确切无误、重点突出

这是一般词典特别是教学词典的要求,但《俄词》中存在着如下一些不确切的情况:

(1) 有把词的自由意义和非自由意义混淆了和注错了对象的现象。如 абсолютный(绝对的)注:"指不与其他事物联系、比较,不取决于任何条件的。为哲学及科技用语。"但例证中的科技用语却大都是"只以某一条件为根据,不管其他条件的",如 ~ высота(绝对高度)是"以平均海水面做标准的高度"; ~ температура(绝对温度)是"以 $-237.15℃$ 为起点计算的温度"; ~ стоимость(绝对值)是"一个实数,在不计它的正负号时的值"等等。至于哲学术语,如 ~ истина(绝对真理),指"无数真理的总和"; ~ идея(绝对观念),指黑格尔认为"自然界和人类出现之前就已存在着的一个精神实体"(见《现代》第612页),则更不存在上述有关 абсолютный 的统一解释,它的意义已完全融化在整个词组中了。苏联科学院两部俄语词典都把它们作为固定词组,放在整个词条的后面,而在"безотносительный, взятый вне связи, вне сравнения с чем - л.; безусловный"词义后只举了 ~ прирост населения(人的绝对增长率), ~ нормы добра и зла(善恶的绝对标准)两个例证,且并无"哲学及科技用语"的标注。

(2) 层次交待不清,语义表达不明,造成释义失误。如 одежда(衣服,服装)注:"是各式衣服、鞋、袜、帽子等的总称"。这就是说,各式衣服、各式鞋子、各式袜子、各式帽子都可总称为 одежда。实际上这里含有两层意思:一是各式衣服的总称,一是衣服、鞋、袜、帽的总称。又如 лист(张、页、片、版;表、单、证明),注:"与形容词连用,指某种文件或证件,形容词表示文件的性质和用途。"似可改为:用作"表、单、证明"时,常与形容词连用,说明文件的性质和用途。因为,与 лист 连用的形容词并不都是表示文件或证件(如 печатный ~ 印张);而表示文件或证件时,也可以不用形容词(如 ~ оценки 评分单)。

(3)以偏概全,用词的区分义素代替词的整体意义。词的表义作用是整体特征和区分特征的综合。指出区分特征固然有助于深化对词的理解和运用(特别是当词义十分抽象的时候),但是如果舍去整体特征只列举个别的区分特征,那就会模糊词义全貌,使人不得要领。如 опустить(放下,降下),原注:"что,指把悬挂着的东西放下来,降下来;把一端固定着的物体的另一端放下来。"其整体意义应该是"把……从高处往下放,放到较低位置",直接补语也不只是非动物名词,还可以是 кого。有许多情况都是原注所概括不了的,如: ~ ребёнка с рук на землю(把抱着的小孩放到地上), ~ изыскателя на верёвке с обрыва(把勘查员用绳子从悬崖上往下放), ~ фитиль в лампе(向下捻动灯芯), ~ руку(放下手)等。

(4)论点不能统率材料,词义范围限制不准,前后抵牾。这又有几方面的情况:一是在对行为客体的限制方面,如:освободить(解放),注释中一方面说是"指某人自由",另一方面又说"直接补语多为表示人、地区名词及少数几个抽象名词"。又如 выбросить(扔掉,抛弃)注:"指把一般被认为是无用之物抛到某范围之外。"这恐怕只能是编者的推测,即认为既然要扔掉必然就是"无用之物"。但例句②⑥⑧表明:东西可能是有用的,只是由于某种原因不得不扔掉。如,Они продолжали голодать, выбрасывали еду в коридор…(他们继续绝食,把食物扔到走廊里)。

二是在对修饰对象的限制方面。如 зоркий(目光锐利的)——"指人的视力好",但例证中有 ~птица(眼力好的鸟),~кот(眼力好的猫)。

三是在对行为主体的限制方面。如 защитить(防护,保护),注:"主语不用表示人的名词,而用表示事物的名词",但例句⑦的主语就是表示人的名词(Скотоводы своими кошмами и одеялами облакивали ограды загонов, защищая бригадные отары от ветров. 牧民们用自己的毡子和被子把羊圈围起来,保护队上的羊群免遭风袭击)。

四是在对行为方式、性质等的限制方面。如 знакомить(介绍,使了解),注:"指用口头叙述、展出、带领参观等方法使某人达到了解某事物的目的。"实际上介绍、了解的方式很多,如阅读书刊、上课、听广播、看电视电影等,即使参观,也不一定非要人带领不可;客体也不只是人(~собрание с новым планом 向大会介绍新的计划)。至于是否达到了目的,那是体的意义,未完成体就没有这个意思。

下面是《俄词》在注释上针对性不强、重点不突出的情况:

(1)把读者一般已经知道的语法知识写进注释。如 молодёжь(青年,青年人)注:"集合名词,是青年人的总称,只指集体,不指个人。"又如 выяснить(弄清楚,查明)注:"未完成体指弄清楚、查明的过程。"

(2)没有把应该交代清楚的知识难点写清楚。如 вкус(味道),注中说"汉语的'味道'还有其他意思,和 вкус 不尽相同",但差异究竟何在，注文却藏而不露。此处注文中还有"具体意义决定于上下文"、"译法很多,应根据上下文灵活掌握"之类的说明,并不解决实际问题。

（3）节外生枝,在注释里加进一些无关紧要的内容。例如 кипеть（沸腾,煮开）注:"指液体达到沸点而沸腾；……不用表示人的名词作主语。"又如 возмутить（使愤恨）注:"指引起极大的气愤和不满感情。被激怒的人觉得这种不满是完全有道理的,是正义的。"这些加着重号的文字显然是多余的。

三、词典注释要文字精确、简炼、醒豁、畅达、规范

《俄词》在这方面存在如下的问题：

（1）用语和标记不统一。及物动词支配关系的标记,有的用 кого - что，只代表直接补语而不涉及补语名词的动物和非动物属性,如 освободить（释放,放走）；有的用 кого - что 不仅代表直接补语,还表示 кого 为动物名词,что 是非动物名词,如 иметь（有,拥有）。有时 кого 既指动物名词又指表人的集合名词,如 отправить（派遣）。而有时用 что 也指表示人的集合名词,如 возмутить（使愤恨）。有的及物动词后面索性什么标记也不给,既不标明"及物",也不注 кого 或 что,如 оторвать（撕掉）。还有像"转义"、"引申义"、"比喻义"等术语的运用,也常常界限不清。

（2）释文不够严谨,常常抓不住重点,语义不详,言不及义或言之无物的废话不少,如 надлежать "应该,必须"的注："不定式不用。指按规定、法律、政策、道德、责任、义务等必需和有责任做某事,或怎样做。在现代俄语中主要用于公文语体。"作为读者,我们认为上述话语

中只有最后一句是有用的。之前所言近似弯弯绕，如果不知道译文，简直无法想到它们解的是"应该，必须"。至于"不定式不用"，不知是因何生出的错误，更是荒谬，因为该词目后已经注明接格关系为"кому－чему 接动词不定式"。又如 дорожить "重视，爱惜"的注："①认为某人某物可贵、有价值而器重，认真对待；②认为某人某物可贵、有价值而倍加爱护。"完全没有必要解释"器重"、"爱惜"的原因。

词典编纂是一项十分严肃，艰苦的科学研究工作，得下苦功才行。俄语教学词典编者关于词目注释的重点是"中国学生不清楚其准确含义和使用范围"的见解是正确的，并且也给自己提出了"避免言多无物，使人不得要领"和"文字力求精简"等等要求（见《俄词》编写工作简介），但现在的实践表明，编者所作所为与这些要求还有不小的距离，希望编者再加一把劲，力争在修订版中有较大的改观。

（原载《辞书研究》1984 年第 3 期）

《词的语言意义、文化意义与辞书编纂》[①]读后

随着国际交往的日益频繁,语言的文化因素愈来愈多地受到了人们的关注。外语教学界尤为敏感,早就开始了这个方面的研究,并积极设法将研究成果运用于教学实践中。在《辞书研究》发表的论文中也有不少作者提出过词的文化背景问题,但是把词的语言意义、文化意义与辞书编纂联系在一起作为一个专题予以论述的,恐怕苏宝荣先生的文章当属首篇,值得赞许和欢迎。对这一问题的深入探讨必将丰富和深化辞书理论的研究,提高辞书质量;尤其对词源词典的编纂更有着直接的意义。为了集思广益、探求真理,笔者不揣冒昧,试图对该文中涉及的两个问题谈谈自己的一点看法,就教于作者和辞书专家们。

首先要探讨的是,在语言中是否存在着一类没有语言意义的文化词语。

苏先生在论及词的语言意义和文化意义的关系时,划列出一类"文化词语",说它们"只有文化意义,没有一般的语言意义",其理由

[①] 作者苏宝荣,文载《辞书研究》1996年第4期

是,这些词"一开始就是在特定文化背景下产生的",先后举出的例子有"杜撰"、"秦晋"、"赋闲"、"染指"等。这些词真的没有语言意义吗?笔者认为还有商榷的必要。

什么是词的语言意义?顾名思义,就其字面意义分析,它似应指词作为一个语言单位所具有的一切意义,包括词的词汇意义、语法意义,而词汇意义中的理性意义、形象意义、文化意义、语体意义和感情色彩意义等当然也在其列。如果这一说法成立,那么词的文化意义和词的语言意义就不是同一个层面上的东西,它们之间的关系就不是对立关系,而是包含关系,不能相提并论。如果这一说法成立,那么语言中所有的词都应该有语言意义,实词有词汇意义,虚词有语法意义。认为有一类词只有文化意义而没有语言意义的说法就失去了根据。

然而苏文说,"词的语言意义,是指词的以概念义为核心的基本意义及由语言本身因素所形成的派生义"。这一定义不知出自何处?不过这里有一个不解的疑点需要澄清:"以概念义为核心的基本意义"是否就是通常所说的词的理性意义,即指客观事物在人们意识中的概括反映?如果这一理解不谬,那么该文的题目似应改为《词的理性意义、文化意义与辞书编纂》较为妥切。如果这一理解不谬,那就应该承认该文中所列举的文化词语都具有语言意义(按照笔者的理解应是理性意义,下同)。它们的语言意义在《现代汉语词典》相关条目的释文中都有明确的解说:"杜撰"指"没有根据的编造;虚构","秦晋"指"两性联姻","赋闲"指"称没有职业在家闲着","染指""比喻从中分取非分的利益"。不能因为这些词义是在特定的社会文化背景下获得的,就断然否定它们的语言意义。一定的社会文化背景只是词义产生的历史渊源,而今天社会所使用的则是它们所表达的概念意义。不知道词义产生的历史渊源,不等于不懂得、不会使用这些词。试问,现在有多少人在用"杜撰"、"赋闲"造句时,会想到"杜默为诗,多不合律"和"潘岳辞官家居后作《闲居赋》"这样的史实呢?

现在我们再来剖析一下作者对词的文化意义所下的定义。他说:"词的文化意义,是指词在特定社会文化交际背景所获得的意义。"但这里没有明确说明所获得的是什么意义,是否也是"以概念义为核心"的意义? 如若不是,那又会是什么意义? 词义的形成是一个漫长的过程,需要人们慢慢地约定俗成,取得共识。一定的社会文化背景只是词义产生的导因和条件,至于它最终能否形成词义以及形成何种词义,必须通过全民认可的概念才能确定下来,在概念意义形成之前,文化背景只能是一个历史事实。如若指的是词的概念意义,那岂不是说明词的语言意义和文化意义的区别仅在于有无文化背景这一点上;前者只是表达概念,后者是在表达概念的同时还含有某种文化因素。当然也有概念意义与文化意义相统一的,即词的概念意义就是词的文化意义。但是,无论从哪个角度讲,语言中的词都是有语言意义的,而实词的语言意义首先是表达概念,没有语言意义的词是不存在的。

第二个需要探讨的问题是"词的文化意义与辞书释义"。

苏文认为,在语文词典编纂中,注意词的文化意义的阐述"应当成为辞书释义中的一个重点(着重号是笔者所加)。这里作者没有对辞书作进一步的区分。如果将此理解为是对所有语文词典的要求,那就有些失之偏颇,可能会导致操作上的失误。实际上,由于词典编纂的目的以及词典的性质、对象和规模等诸多方面存在差异,词典释义中对文化意义的处理不可能是完全一致的,不可能都把它作为一个重点。如果说对词源词典,对诠释古词古义以帮助读者阅读古籍的古代语文词典,以及对大型的综合性语文词典提出这个要求是合理的和必须的,那么,对一部小型的、以学生和一般读者为对象的语文词典来说,就未免显得过分和不必要了。比如《新华字典》对"杜撰"、"染指"等许多所谓的文化词都没有作任何文化意义方面的解说。而作者文章中所列举的大多数有文化意义的词,如"日角、友于、马(指武装)、赋(指兵、军队)、乘(表示'四')"以及"赋闲、舆图"等,它连收都没有收,即使像《现代汉语词典》这样的中型语文词典,在释义时对词的文化意义的说解,也只可能做到适当照顾,而不可能一一为之。如"腊月"、"舆图"的词义虽各有其产生的不同文化背景,但《现汉》在释义中并没有作任何说明,而只注了语文意义:"农历十二月"和"<书>地图(大多指疆域图)"。

关于如何说解词的文化意义,作者只提出了"要进行词义的溯源工作";列举的词例,其文化意义也全都与我国古代历史有关,而反映我国现当代社会、政治、经济、生活、民族心理、风土人情、风俗习惯的文化词却一个也没有。这就给人一个错觉,以为说解词的文化意义就是把词义在历史上的社会背景、来龙去脉说清楚而已。实际上,现当代汉语中存在大量的文化词语需要解说,而且主要不是溯源,如:社火、腊八粥、灶神、白事;人民公社、大跃进、卫星田、牛棚、右派分子;鸳鸯、白鹤、红豆、梅花,等等,它们的文化意义对现当代绝大多数汉族人来说可能是清楚的,但对于把汉语作为外语学习的外族人来说却是困惑的。我们一些影视剧中,在英雄人物牺牲后常常画面上会立即出现一棵高大粗壮挺拔的青松,外族人对此就感到莫名其妙,难以理解。因为他们不知道"松树"在汉语中有"坚贞不屈,高风亮节"的象征意义。对这类词的文化意义的阐述,就不是溯源的问题,应采取另外的

方式,如

一、只给定义,指出其具有民族特色的内容。如"听房"指"在新房外偷听新婚夫妇的言谈动静";"红小鬼"是"对参加中国工农红军及八路军的未成年人的称号(含亲昵意)"等。

二、对一些理性意义与文化意义相统一的词,应对其产生的缘由、社会背景略加说明。如"腊八粥"指农历十二月八日这一天,用米、豆等谷物和枣、栗、莲子等干果煮成的粥。起源于佛教,传说释迦牟尼在这一天成道,因此寺院每逢这一天煮粥供佛,以后民间相沿成俗";"灶神"指"迷信的人在锅灶附近供的神,认为他掌管一家的祸福财气";"卫星田"指"1985年大跃进浮夸风中出现的所谓亩产超万斤的高产田"。

三、在给出定义的同时,指出它们的象征意义。如"乌龟"象征"长寿";"梅"象征"高洁";"八"与"发(财)谐音,被认为是吉祥数字",等等。这类词往往带有浓重的民族色彩,比如同一动物在不同的语言中可能具有不同的象征意义,如俄语中用 заяц(兔)表示胆小的人,而汉语中却说人胆小如鼠。

最后须指出,"词的文化意义"如同"文化"一词一样,含义十分宽泛,其内涵和外延都需要进一步研讨确定,因此对词典释义中的文化意义解说,也还需要通过大量的例证分析,从而找出更多更为合理的途径和方法。前面所谈,仅是举例性质。有些地方,也可能笔者是误解了苏先生的本意,不妥之处,敬请斧正。

(原载《辞书研究》1999年第2期)

简评《俄汉科技词汇大全》[①]

近两年来,笔者由于工作需要查阅了《俄汉科技词汇大全》中的部分条目,发觉该书在选词立目上很不严谨,编写体例也极其混乱,而审读校对之草率,疏漏和失误之多,简直令人瞠目,使人觉得这部书的编者们似乎是在各自为战,各行其事,没有总指挥,没有统一的编写原则和要求,没有人对词典全面负责。可以说,这部词典是一部粗制滥造之作。我们认为有必要将该书曝光,以免贻误读者。勿谓言过其实,现举例分述如下。

一、收词立目

词典收词立目要受多种因素制约,但最主要的有两个:一个是语言学标准,一个是读者的需要和要求。

从语言学标准看,我们以为《俄汉科技词汇大全》:

(1)在词目中不应该收录大量的自由词组,如"морской берег(海岸)、сигнальная лампа(信号灯)、объем жидкости(液体容量)、жир в

[①] 《俄汉科技词汇大全》主编王同亿,原子能出版社,1985年。

крови(血脂)、водопой скота(牲畜饮水处)"①等。

有些虚词和实词的结合在俄语中本不是词组,但也被作为词目收了进来,如"без движения(静止的,不动的)[应删去"的"——张]、вход(加速、加快)"等。

这部词典中没有例证,所有的词组都是词目,如"содержащий(含…的)是一个词目,含该词的" ~ аммиак(含氨的)、~ белок(含蛋白质的)、~ соль(含盐的)、~ углеводы(含碳水化合物的)"等,也都是与之平行的独立词目。

《俄汉科技词汇大全》应该是词的汇集。自由词组有别于固定词组。固定词组在语言中相当于一个词,属语言单位,其数量是有限的。而自由词组乃词的自由组合,属言语单位,其数量是无限的。自由词组的意义就是它的各个组成成分的词汇意义和一定语法形式意义的相加,并不构成理解和翻译上的困难,把它们作为词目收入词典势必增大篇幅,加重读者的负担且并无多大帮助。加之这些词组又是按字母顺序和其它词目混编在一起的,中心词和由它构成的词组之间常常被许多其它词前后隔开,这样不仅破坏了词的系统性,不利于读者理解、掌握和记忆,而且查找起来也十分不便。如 азот 与其相关的词组:азот кала、азот креатинина、азот[в]мочи、азот мочевины 是在 азот аминокислот、азотация、азотдобывающий、азотемия、азотенез、азотизатор、азотизация、азотин、азотирование…等 47 个词之后才出现的。

另外,从该词典已收入的自由词组中,我们也看不出它选收词组

---

① 引号所有例证全部来自该词典,恕不一一注明页码,下同。

的标准和依据是什么。为什么只收了现有的一些词组而不是其它的？

(2)混淆了词和词的不同语法形式、不同书写形式,误把一个动词的完成体和未完成体、名词的单数和复数以及异体词当作两个独立的单词,分为两个词目,译文也有所不同,且互不引见,如：

1)双体动词

1."возникать 形成,发生

возникнуть 发生,产生,兴起,出现"；

2."встретить①遇见,碰见,会见②迎接③对付,应付④受到,遭到,遇到

встречать 晤见,会晤,座谈会"(动词怎能有"座谈会"之意)等。

2)名词：

1)"вулкан 火山　2)моляр 臼齿　　3)поросенок 仔猪,猪崽

вулканы 火山；　моляры 磨牙,臼齿；　поросята 小猪；

4)ягода 浆果；　5)ручей①小溪,小河,溪涧②槽,沟…

ягоды 浆果；　　ручьи 溪涧。

3)异体词

"анамнии 无羊膜动物—анамниоты 无羊膜炎；аноксемия 血氧缺乏,缺氧血症—аноксия 缺氧症；жабериодышащие 有鳃亚纲—жабродышащие 鳃呼吸动物；абсолютизировать 使绝对化—абсолютировать"等。

(3)混淆了同音词和多义词的界线,误把两个词合并为一个词目。

同音词固然大多由多义词演变而来,它们之间的界线有时的确很难判定。不同的词典,出于不同的认识,常常会有不同的处理。但尽

管如此,从词义之间的联系来看,下列词的某些义项与其它义项的关系绝非是一词多义,似拟分作几个词目:

"①жанба 咽峡炎②蟾蜍";"альфа①希腊文第一字母②[植]阿尔发草";"образование①形成②产生③建立④教育…";"охота①发情,动情②狩猎③狩猎工具④爱好…"

(4)科技语言的特点是叙述的客观性、语言的准确和非形象性,没有明显的感情色彩,因此作为科技词典,该书不应该收入表卑、表爱等带有主观评价和感情色彩的词和义项,如:"рыбица、рыбчонка、зернышко、облачко、руек、малюсенький、малехонький、молоденький、большущий 等,以及 учёба＜旧,不赞＞(机械的训练)"等。

从读者的需要看,《科技大全》不宜收入一些日常生活中最常见的基本词,如"завтрак(早餐)、ужинать(吃晚饭)、понедельник(星期一)、пятница(星期五)、юг(南)、север(北)、здесь(在这里)、куда(往何处)、туда(往那里)…"等。因为科技词典的读者大都具有一定的外语基础,不掌握起码数量的单词和最基本的语法知识是无法阅读和翻译科技作品的。

另外,更不该收入大量的方言词和现代俄语中已不常用的古、旧词或义项,如:"пороса＜方＞(＝поросята)、братина＜旧,方＞(古代酒器)、братан＜方＞(兄、弟、堂兄、堂弟)、обыкнуть＜方＞(习惯)、молодужа＜方＞(农村少妇)、вшибить＜俗,方＞(敲入)、ужин＜方＞(收获量)、оказать＜旧＞(表现出)、возыметь＜旧＞(得到)、восхитить＜旧,诗＞(使上升)、молодец＜旧＞(饭馆、店铺等的伙计)等许多科技文献中很少用的词。

二、编写体例

编写体例的统一在词典编纂中是一件十分重要的工作,但只要有认真负责的态度,也是不难做到的。一般对此都有详尽明确的规定,编者们只要严格按照统一的规格办事,便不会有很大的分歧。偶而不慎违反规定,只能是个别事例。像《科技大全》中出现的这种大量的、带普遍性的不一致和不协调,却是极为少见的。它对同一语言现象的描写采用了各不相同的多种格式,时而这样,时而那样,随心所欲,"不拘一格",比如:

(1)词目中的双体对偶动词。有的把两个对应体作为一个词目,不设参见条。有的把对应体放在后面括号内,不注体的属性;如"входить(войти)、оставаться(остаться);而有的则干脆略去对应体,只收一个体的形式,如:завязать、закончить、восхитить 等动词就只收了完成体,没有收未完成体 завязывать、заканчиать、восхищать。

有的把两个对应体分作两个词目,或者将其中一个作为主条,另一个作为副条,如:

"зажечь 燃起,点火;激起;开始燃烧

зажигать 见 зажечь;(未注体的属性——张)

обтечь[完],обтекать[未]①环绕…流过②[空]环流……

обтекать[未]见 обтечь"。

或者不分主副,"各自为王",互不引见,译文也有所区别。试比较:

"откалывать(отколоть)砸掉

"отколоть[完], откалывать[未]①砍掉,砸掉②取下,摘下③弄出,搞出,说出"(这三个义项是刘泽荣《俄汉大词典》中三个同音动词意义的相加。)

"отпускать[未], отпустить[完]放开;发给;回火;锥削

отпустить[完], отпускать[未]①准假②放开③放松些④减轻⑤售出⑥拨出(给)⑦蓄,留[须、发等]⑧回火⑨宽恕⑩给予⑪磨快[刀]"等。

而且更有甚者,在两个相关词目中,其中一个注有对应体,而另一个却不注,如:

"забрасывать, забросить①抛掷,扔到②扔下不管,抛弃③[秘密地]派到[某处]

забросить 抛远;抛弃;抛到"(未标明体的属性,也不引见)。

这就使读者迷惑不解:它们究竟是两个独立的动词还是一个动词的两个体的形式。如果是后者,其词汇意义应该是一致的。

(2)用作名词的形容词。有的作为多义词的一个义项收在该形容词词条之中,如:

"амобевидный①变形虫的②变形虫目";

"большой①大的…②成年的③成年人,大人＜用作名词＞"等。①

而有的则分作两个词目,如:

"лошадиный 马的　　　осетровый 鲟(鳇)鱼的

　лошадиные 马类;　 осетровые①鲟目②鲟鱼科"。

---

① 这两个形容词作名词时只有复数形式,应是 амобевидные 和 большие;另外前一个词没有注＜用作名词＞。

(3) 异体词, 处理格式有:

① "аппретура (апретура) 涂饰剂; априористический (априорный) 臆断的" 等——作一个词目, 不设引见条。

② аноплоцефалез (应是 аноплоцефалоз——张) 裸头绦虫病; аноплодефалидоз 裸头绦虫病" 等——两个词目, 互不引见, 译文相同。

③ "алунд (алундум) 刚铝石; алундум (алунд) 刚铝石, 电刚石, 人造金刚砂" 等——两个词目, 互不引见, 但都各注有另一个异体词。

(4) 科技义项和普通义项的排列: 时而科技义项在前普通义项在后, 如:

"кошка① 猫头起重机② 四爪锚③ 抓钩④ 猫;

груша① [电] 电灯泡② 梨状物③ 梨" 等;

时而普通义项在前科技义项在后, 如:

"кошки 猫科, 抓钩;

нос① 鼻② [飞] 前端③ [机] 嘴子, 端部…" 等

(5) 义项的划分不同, 如:

"персик① 桃属② 桃; орел① 雕属② 雕"——两个义项。

但 "абрикос 杏 [属]; 牛虻 [属]"——一个义项的两个分义。

(6) 标注符号的使用。有的标注在译文之前, 有的则在其后; 同一性质的标注有的用类括号, 有的却用双线方括号, 如:

"всякий…③ 各种人 <用作名词>" 但 "горячий② [用作名词] 热菜" (应为中性 горячее——张);

"оправка① [电] 压合器", 但 "псофометр 噪压器, 噪声表 <电>";

"оператор … ④ [数] 算符",但 "лодмногообразие 子流形 <数>";等等。类似的情况俯拾皆是。

三、大量的疏漏和失误

(1) 条目词中的排印错误,如:

"абуднкация (абдикация 让位)①,автолавк (автолавка 流动售货汽车),агмы (агамы 飞龙科),адъюнк (адъюнкта 余因子),алгзиметр (алгземетр 痛觉计),апоневрз (апоневроз 腱膜),арахиоидит (арахноидит 蛛网膜炎),ареколии (ареколин 槟榔碱),аскаридиаз (аскаридоз 蛔虫病),зеркальдо (зеркальце 小镜)"等。

(2) 条目词重复,如:

"львица 牝狮　　　　лучевики 放射虫目

львица 母狮,牝狮;　　лучивики 放射虫目 (应为 лучевики;)

арбуз①西瓜属②西瓜　анамиоты (应为 анамниоты) 无羊膜动物

арбус (应为 арбуз) 西瓜;анамниоты 无羊膜类"等。

(3) 条目词词形与其语法属性相抵捂,如:вчерашний、будуший 等用作名词时,其性属应为中性 вчерашнее、будущее,而不是阳性。слепой、больной 等用作名词时,除阳性形式外还有阴性 слепая、больная,指 "女盲人"、"女病人"。въезжий (客栈,旅店) 应是 въезжая。

---

① 括号中为该词的正确形式,下同。

(4)条目词译文中的失误,如:

①поросенок - сосун"哺乳小猪",应为"吃奶小猪","哺乳"指"喂乳"。

②втемяшить"使勉强领会"应为"使深深领悟到,使认定",俄语词典的释义是"заставить прочно и твердо усвоить"。

③жалить"螯",应为"(蜂等)螯,(蛇,蚊等)咬,(带刺的植物)扎,刺";

④львиный"①狮子的②金鱼草[属]",无第二义,"金鱼草[属]"应是"~ зев 或 ~ая пасть"。

最后,应该指出,本文所列失误例证大都是一些浮在面上的表层东西。多数错误,就其个别而言,性质并不严重,明眼人一看便知,但是由于量大,便显得特别扎眼,成了影响词典质量的大问题。而且其危害程度并不亚于其他知识性错误。

词典是读者在较长时间内需经常使用的工具书,被读者奉为判断语言正误的圭臬,享有很高的威信。我们应该坚持词典的科学性,坚持质量第一,要一丝不苟,精益求精,而切不可敷衍塞责,自毁形象,失去读者的信任。叶圣陶先生对《汉语大词典》的编辑说过:"我一贯主张,一部书,一部词典,特别是大型词典,初稿至少要有一两个人从头到尾、逐字逐句地看过,定稿要有四五个人认真审读。这样才能保证质量,防止和尽量减少在一个部首和一部词典的解释等方面,互相打架,自相矛盾。审读的同志要有学识,要敏锐,看到这一条,就联想到其他有关的条目。有的新修订出版的辞书,我翻了一翻,觉得审读工作做得还不大好……"(转引自徐庆凯《编写专科词典的若干问题》载《辞书研究》1981 年第 2 期 127 页。)我们认为叶老的这段教诲适用于所有的词典编纂工作,真诚希望《俄汉科技词汇大全》的编者们也能据此对该词典进行一次全面、彻底、认真、细致的修订工作,使其以崭新的面貌出现在读者面前,促进科技翻译事业的发展。

(原载《外语学刊》1993年第4期)

关于汉语量词的界线问题
——兼评《汉语量词词典》①

关于汉语量词的争论由来以久。现在虽然绝大多数的学者都承认量词的确有它本身固有的特点,是一个独立的词类,但一接触到词语的分析,见仁见智的情况还是时有发生。某些作品(如谈论量词修辞功能的文章),常常把许多本来不属于量词的词,只是由于它们和数词连用、处在量词的位置上,便不分青红皂白地统统归之于量词一类。在这一方面,福建人民出版社1988年出版的《汉语量词词典》即为较有代表性的一例。下边是笔者对其中一些例证的不同的个人看法,提出来同编者商榷,并求教于汉语专家。这些误例按其性质大致可分为如下几类:

一、混淆了古代汉语和现代汉语的界线,误把古代汉语数一名词组中的名词当作量词,如:"一臂之力"、"一叶知秋"、"三言两语"、"万变不离其宗"等成语,及"五言诗"、"一枝一叶"、"三点一线"等。(着重号表示该词在《汉语量词词典》中被看作量词,下同)

成语是古代汉语遗留在现代汉语中的沉积物,它在一定程度上反

---

① 陈保存等编,福建人民出版社,1988。

映了古代汉语的规则和习惯。如数词可以直接跟名词搭配,中间不用量词即是古汉语的一个特征。这种例证俯拾皆是,像"九牛二虎之力"、"百孔千疮"中的"九牛、二虎、千疮"都是数词与名词的直接结合。词典上述引例中的"臂、叶、言"都是名词,"变"是动词,而绝不是量词。如果把它们视为量词,那数量词后的名词又是什么呢? 如果按照现代汉语的规则,在这些数—名词之间都可以,而且应该加上适当的量词,如"一条臂膀"、"一片叶子"、"三句话"、"变万次"等。另外,在这些成语中,数词已不代表具体的数量:"一臂之力"指"不大的力量","三言两语"是形容"言语简短"①,绝不是说只出一条臂膀力量,只说两句或三句话。

"一枝一叶"、"三点一线"是仿照文言格式的数——名词组,其中也没有量词。

二、混淆了固定词组和自由词组的界线,把固定词组当作自由词组分析,误将数词后边的词看成量词,如:"十二分的愉快"。"百般挑剔"、"一丁点儿也不错"、"一线希望"、"一丝倦容","一片汪洋大海"等。

固定词组的特征是结构的定型性和意义的完整性。它们在意义上表达一个概念,在功能上起一个词的作用,是不能拆开解释的。"十二分"是形容"程度极深(比用'十分'的语气更强)","百般"是形容"采用多种方法","一丁点儿"指"极少或极小的一点",②"一丝"、"一

---

① 《汉语成语词典》第753、529页,甘肃师范大学中文系编,上海教育出版社,1978。

② 《现代汉语》第1037、24、1352页,中国社会科学院语言研究所编,商务印书馆,1983。

线""比喻细微","一片"指"连绵不断"①。这里不能随意更换其中的任何一个组成成分,如把"十二分"说成"八分、十五分"或"十二成"等。

三、混淆了序数词和定量数词的差别,误把序数词后的名词当作量词,如:"第一厅厅长"、"一九八四届毕业生"、"建国十一周年的观礼"、"三十年代青年"、"中学二年级的学生""头名状元"、"一等功臣"、"二品夫人"、"九段棋手"、"退居二线"等。

序数词指事物所处的先后顺序,回答"第几"的问题,而定量数词表示的是事物的数量,回答"多少"的问题。序数词可以和名词直接搭配,作名词的修饰词,而定量数词和名词搭配则必须通过量词。用不用量词有时恰巧是区别序数词和定量数词的一个手段。试比较:五月—五个月,第四学期—四个学期。数量词和名词之间一般不用"的",如"三个人"不说"三个的人",但序数词—名词词组之后可用"的",如"三十年代青年"可以说"三十年代的青年"。

四、混淆了"一"的不同意义和用法,误把所有处于"一"后的词全定为量词,如:"一肚子火"、"一门心思"、"一腔热血"、"一身的病"、"一头的灰"、"流了一地"、"一山都是寺院"等。

实际上,这些词组中的"一"都不表示数目概念,而是"全,满"的意思。即使人数再多几个,我们也不能说"三肚子火"、"五门心思"、"十腔热血"、"流了二十地"等。但我们却可以说"满肚子火"、"满腔热血"、"全身的病"、"满头的灰"、"流了满地"等。这些名词仍保留着它们原有的构词特征(如有后缀"子")和名词特征(如后边可以加

---

① 《辞海·语词分册》第 1239、24、1548 页,上海辞书出版社,1981。

"的",用作定语)。

五、误把一个动词本身的形态变化看作是动词与动量词的结合,如:"学一学"、"想一想"、"抓一抓"、"挑一挑"、"咬一咬"等。

持这种观点的不只是《汉语量词词典》的编者,许多汉语语法教材里也是这么写的。胡附先生虽然认为"它们都不是表示定量","'看一看'和'看一次'毕竟有所区别",但最终还是把它们归在了量词名下①。其实,在汉语中相同动词(多是单音节)重叠,中间嵌入"一"是一种十分普遍且极有规律的动词变化模式,就像动词的其他重叠形式AA 和 ABAB 一样。只要合乎逻辑,几乎所有的单音节动词都可以按照这一格式变,如"坐一坐、闻一闻、抹一抹、笑一笑、鸣一鸣、叙一叙……"(试比较:切一刀、踢一脚、读一遍等,这里不同的动词要求不同的量词,中间的数词可以根据交际需要而随意更换)。它们有共同的语法意义:表示"短暂"、"试行"、"将行"等情态,而不是说动作只进行了一次。

至于"咬了咬",那是动词重叠的另一种形式,中间没有数词,量词又从何说起?!

六、张冠李戴,误把动词作量词。"雄鸡三唱"、"三挪两挪就到了"、"一节体操四动"中的"唱、挪、动"皆为动词,数—动词之间没有用量词的。如果把词序摆顺,加上量词,则应是"唱三遍、挪两三下、动四次"。

七、"斤把重"、"百把人"、"千把小时"等中的"把"字,不指计量单位,不是名—量词。它们表示"概数",一般只用在"百、千、万"和"里、

---

① 胡附《数词和量词》第 41 页,上海教育出版社,1959。

丈、顷、斤、个"等词后头。和"百、千、万"等数词连用时，其后用量词，如"千把块钱"；和"里、丈、顷、斤、个"等量词连用时，不再使用数词，如不说"五斤把重"。

"巴掌大的地块"、"满天的繁星"中没有数词，"巴掌"指"手掌"、"天"指"天空"，都是具有实实在在的词汇意义的名词。

针对前述各类错误产生的原因，本文拟从意义和形式两个方面提出一些具体办法作为界定和检验量词的参考。

从意义判断：

1）量词是"表示事物或动作的数量的单位的词"，如果没有这个意义，那便不是量词。

2）词义虚化是汉语量词的一个特征。许多量词已经完全丧失了词汇意义，空空洞洞，不表示任何具体的事物，而只是一个"'计标'（计论的标准）的标志"（陈望道），如"个、件、匹、次"等。"支"既可用于军队，也可说乐曲、电灯的光度。即使是借用的量词，其词汇意义也有明显的削弱。试比较："把信封好"和"一封信"、"国道"和"一道河流"、"两书架书"和"两架飞机"、"磨刀"和"一刀纸"等。有些学者甚至视汉语量词为"粘附字"或表示"单位的词尾"，不承认它们是独立的单词。黎锦熙先生则把量词列入虚助词（"虚"即空虚，"助"即帮助）[①]。因此，如果充作量词的词仍然含有饱满的词汇意义，那它很可能属临时借用，而不应算作量词。

从形式判断：

[①] 黎锦熙《词类大系—附论"词组"和"词类形态"》，载《汉语的词类问题》（第二集）第三6页。

1) 量词依附于数词,离开数词,量词一般不单独使用。数、量、名词常常是三位一体,除非上文已经用过,否则数量词后的名词是不能省掉的。因此,在一个词组中,只出现量词而没有数词或者只出现数量词而没有名词的情况,一般是不会的(个别例外)。

2) 数量词和名词连用,其后一般不用"的",如果有"的",则数词后的词可能不是量词。

3) 量词没有特殊的构词后缀,如果充作量词的词能带"子"、"儿"等后缀,便可能不是量词。

最后,应该指出,要正确鉴别量词,最主要的还是要深化汉语量词的理论研究,弄清量词语义、语法特征和功能,同时要注意区分现代汉语和古代汉语、自由词组和熟语、定量数词和序数词、临时借用和长期使用之间的差别。

(原载《辞书研究》1994 年第 3 期)

附　录
——关于外语教学改革

关于外语教学改革中提出的"有专业侧重"问题

一

在近两年开展的专业外语教学改革的讨论中,有一种看法被认为是"全面反映了教学改革的方向",而且"现在各院校都在为这个方案积极创造条件,有的已经开始见诸行动"。这种看法概括起来就是大家常说的三句话,即"打好基本功,扩大知识面,有专业侧重"。对最后一句话,我们有些异议,现在提出来同大家商讨。

从已有的文章和材料看,"有专业侧重"的提出,不同人有着不同的考虑,对"专业"两字的理解也不尽一致。

有人认为,"外语只是工具,并不构成专业,外语专业并不真正具有专业的内容",因此提议除外语外,学生还应"再学一个专业,如文、史、哲、经济管理等","特别是经济管理方面的人才缺"。也有的院校提出要学法律。

另外有人则是从学生毕业分配长期不能对口的情况出发,认为"就专业倾向性看,主要解决工作适应性差"的问题,使学生"成为多面手"。多学一个专业,就多一个就业的机会。

第三部分同志认为,我们过去的毕业生基本上是从口笔语实践开始,又从口笔语实践结束,只有一般的语音、语法、词汇知识和听说读写译的基本熟巧,基本理论缺乏,知识面窄,知识结构和水平相当于中专学生,没有达到一个大学生应有的标准,因此他们也主张再多学一个或半个专业,但包括语言和文学专业。

也有文章在论证增加专业的必要性时,同时从两个角度出发,有时基于学生的业务素质不高,有时则基于学生毕业后的工作不能对口,因而在提出的对策上显得不够协调,出现矛盾。

下边我们试就这些看法作点分析。

二

外语算不算专业?语言作为一种特殊的社会现象,有它特有的功能、结构和规律,是专门科学——语言学——的研究对象,怎么竟不能算作一种专业?汉语作为本族语尚且是我国大专院校中文系的专业,为什么外语反而不能算作我国外语院校的专业?我们的教学计划几十年来不是一直写着我们学生学习的是××语言专业或××语言文学专业,而今天为什么忽然又否认它是一门专业呢?

诚然,语言是一种工具,是"人类最重要的交际工具",但是要认识并完善地掌握这种工具却绝非易事。现在世界上没有哪一种语言可以说是研究得已经很透彻了。我们汉语研究的历史长达两千年之久,至今仍有很多问题模模糊糊,说不清楚。普通语言学中某些重大的基本理论问题一直也是众说纷纭,莫衷一是。

从实践的角度讲,要高水平地运用一门外语,达到能用它思维,

"自如地表达复杂的思想内容,进行自由演说",写一手好文章,精确、熟练地进行口笔头汉外互译,虽不玄妙,也不简单。张志公先生说:"今天,从进小学到中学毕业,大学毕业,学了几千学时的语言课……工作上需要写什么而写不好甚至写不成的,比例之大,相当可观。"①"若干国外有关资料表明,写作能力的低下,是一个世界性的问题。"②奇怪的是,我们有些同志一方面大声疾呼:"现在外语毕业生的汉语基础普遍差,很简单的外文句子就难以用中文流畅地表达出来"(我想他们的外语水平不可能比汉语更高),而另一方面在考虑提高外语教学质量时却有意无意地轻视或贬低对学生语言实践能力的培养。"当人们准备为语言训练辩护,认为语言训练的职责是大学语言系课程设置的核心部分时,就有人迟早要提醒我说:'大学语言系不是伯力兹语言学校……他们这样说为的是表示对语言训练职责的最大蔑视。'"③

翻译应该说是把外语作为工具使用的典型表现,按照工具不算专业的看法,自然算不上一门专门学科。但国外有些大学就设有口语系和同声传译专业,比我们分得还细。"法国巴黎高等翻译学校,就是专为培养国际会议的口译人员而建立的一所高等学校,……专门招收外语院校毕业生到该校进修二年,毕业后发给同声传译证书、单项口译证和口译才干证书等,"④现在已经很少有人再把翻译看作是一种纯技术性的工作了。被人们称为美国著名翻译家的海伦·雷恩(Helen R. Lane),她的职业和专长就是英、法、德、西、葡、意等多种语言的翻

---

① 见《学语言》1983 年第 1 期第 16 页。
② 见《语文通讯》1983 年第 3 期第 22 页。
③ 见《国外外语教学》1982 年第 1 期第 3 页。
④ 见《翻译通讯》1983 年第 2 期。

译,并于1979年获得了古尔班金翻译奖。

从更广泛的意义上讲,物理、化学、数学、医学、农学等又何尝不含有工具的因素?

可见,语言到底算不算专业,问题并不在于它是不是工具,而是看我们从哪个角度、哪个标准去掌握和使用它。

大学的外语教学,一般都应包括两个方面的内容:一是作为工具课,培养学生运用语言的实际能力,教他们把话说通说好,写通写好;一是作为研究语言的入门课,给他们系统地讲授一般语言和具体某一语言的理论知识,不仅使他们知其然,而且知其所以然,做到举一反三,触类旁通,指导语言实践,同时也为他们将来从事语言研究打下基础。

语言的理论知识和实践能力是相互促进的,没有语言的理论知识就不可能有高水平的语言实践能力,没有扎实的语言实践能力,语言理论的研究也不可能取得成就。一个外语院校的毕业生,如果不会使用外语这个工具,那将是我们教学的最大失败。但是,如果他只学会了使用外语的一般知识和技巧,实践水平不高,又缺乏必要的理论修养,那同样也是一个不合格的外语专业大学生。中专生和大学生的区别,照我们看来,就在于知识、技能的深度和广度。没有科学、没有理论,就不成其为大学,然而没有较高的实际技能训练也不是一个好大学。

"中华人民共和国学位条例"中对学士水平的要求就是:"(1)较好地掌握本门学科的基础理论、专门知识和基本技能;(2)具有从事科学研究工作或担负专门技术工作的初步能力。"

我国外语教学三十多年来的教训之一,就是轻视或忽略了理论教学,而把更多的精力放在了语言实践能力的培养上,其原因有主观因素,也有客观情况。新中国建国初期,大批苏联专家来到我国工作,翻译人员奇缺,教学力量不足,因此课程比较单一,顾不上理论课是可以理解的。20世纪五十年代末,各外语院校都先后增设了语言、文学等理论课程,可是不幸六十年代初遇上了"大砍"的指示,把所有理论课砍得一干二净,直到八十年代才得以恢复。说语言不是专业的人,实际上是混淆了工作缺点和事物本来性质的界限。教学中忽视了语言理论并不等于语言没有理论;学生理论知识缺乏,实践水平不高,并不说明语言工作本身只是纯技术性的工具性工作。

三

关于再增加一个或半个专业的问题。外语院校学生的专业,现在不是少了而是多了,不是增加的问题,而是进一步明确培养目标,减少盲目性的问题。首先,就语言系统而言,语音、词汇、语义、语法、修辞、词典编纂等都可以成为专业。其次,从学生毕业分配的工作来看,翻译,教师,外国语言文学研究人员等,也都需要专门的知识结构和能力。要在四年的时间内完备地掌握这些方面所需要的全部知识和技能,还能从事语言文学研究工作等,并达到较高的水平,已经是很难很难的事了。如果再增加一个或半个而且是与语言性质相距较远的专业,那就势必使我们的力量更加分散,其结果必将导致教学质量的下降,使我们培养的学生很可能在几个方面都是"次品"。

世界上不存在所谓的"完人"。一个医学院的毕业生,要求他懂得外科、内科、五官科、妇科、儿科等的一般知识是必要的,但不能要求他在诸多方面都成为一个合格的好医生,更不能要求他同时也是一位法学家或经济管理学家。

至于学生毕业分配对口的问题,那首先是国家有关部门的事。人才的浪费是极大的浪费,广大师生对此早有议论,但至今未获解决。这个问题需要从上面着手根治,仅采取下面补洞的办法是不行的。语言活动范围几乎无限,和外语有关的职业和工作又何止数百种,我们即使让学生在校再多学三个、五个专业,也难以保证他们将来的工作与专业对口。

五十年代,我国某些俄语专科学校正是基于这种考虑,开设过师范班、翻译班、冶金班、纺织班,而结果是冶金班毕业的学生不一定能分配到冶金部门去,师范班毕业的学生也可能去当翻译。而且由于过早地学习专业外语,语言基本功的训练受到削弱,改作其他专业的外语工作感到更加难以适应。前事不忘,后事之师,这个教训我们应该引以为戒。

有人提出复语制教学,主张学英语以外的其它外语专业的学生,除本语种外,再学一门英语,学制相应改为五年。这对学生今后的工作固然多开辟了一条出路,但从提高外语人才的质量来看,未必是个有效的办法。一门外语不算专业,难道两门外语加在一起就构成了专业吗?实行复语制教学,就有了专业倾向性?从过去四年学习一种外语的效果看,用五年时间学习两种外语是否能够达到某些人所说的用外语思维、发表自由演说、同外国人就某一专业进行深入讨论的水平,值得怀疑。还有,如果大家都学英语,几年之后英语是否也会发生像俄语从前那样的人才过剩?全国范围内的俄语招生从1950年开始,到了1975年就有人提出人材过剩,导致了当时在校生的改换专业。

最近中央教育部门确定,北京第二外国语学院英语专业的培养方向为既懂外语又懂旅游专业的人才,这无疑是外语教学界的一个福音。它不仅能够保证学生今后的工作学用一致,而且也促进了外语人才知识结构和业务素质的改善。可惜,这种措施不能适用于多数语种和专业。我们不可能为所有需要这种人才的专业和部门都采取这种办法来培训干部,我们也没有必要和力量对这种人才需要量极少的小语种分门别类开设各种不同的训练系、班。再者,即使像旅游这种在我国新兴不久的事业,对外语人才的需要量也是有限的。若干年之后,这方面的人才饱和了,是否又要变换专业方向?如此改来改去,那还谈得上什么经验的积累和教学质量的提高。

四

综合上述分析,总结我们的观点,大致可以概括如下:

(1)外语教学改革的主要目的应该是为了提高教学质量,改善学生的知识结构和业务素质,而不是为了寻求工作出路。

(2)"有专业侧重"的提法概念模糊,不是外语教学的主攻方向,尤其在当前新生入学的俄语水平很低的情况下作为改革的方向之一突出它,是不可取的。语言是工具,也是一门专业,外语院校学生的学科专业主要应侧重于语言学、翻译或文学。

(3)建议对我国建国以来各外语院系历届毕业生的分配和工作情况和我国使用外语干部的重点单位,进行一次广泛的调查研究,进一步明确我国外语教学和社会需要之间的矛盾所在,弄清楚全国外语干部需要的数量和质量,然后据此定出我们各类外语院系的培养目标、规格和招生数量。考虑到各类院校的优势,是否可以设想:在一些理工科院校增设外语系,担负培养科技翻译人才的任务;师范院校的外语系专门培养中学外语教师;综合大学的外语系专门培养文学翻译和语言文学研究人员;而外国语学院则主要承担大学外语师资、外事翻译和国际文化交流等方面的人才的培养。笔者认为这是一个比较彻底的解决问题的办法,并曾经在1980年《谈外语院校的培养目标与提高教学质量的关系》①一文中提出过。

(4)在当前外语院校不变(如不是外语大学)、培养目标分散、学生毕业分配不能完全对口的情况下,作为外语教学改革的方向我们同意"加强基本功,扩大知识面,突出智能的培养"的提法。这里基本功包括政治思想的基本功、语言实践能力的基本功和基础理论知识的基本功。"加强"意味着过去做得不够;所谓扩大知识面,主要指扩大语言文学、教育学等基础理论和所学语言国家的政治、经济、史地、文化教育等方面的一般知识。所谓突出智能的培养,就是要求把培养学生的自学能力、逻辑思维能力和创新能力放在战略的高度,采取切实、系统、有效措施加以贯彻。总而言之一句话,要加强基础教学。

我们主张加强基础教学,增加选修课,多给学生一些自学的时间,使他们能够在掌握外语一般知识和实践能力的基础上,根据个人的爱好和特长,在语言或文学,语言理论或语言实践,语音学、词汇学、语义学或语法学、修辞学等某一个方面有所侧重,学得深一些,专一些。这也可以理解为"有专业侧重"。但它的主要目的不是为了对毕业分配的口,而是基于开发学生的智能,使基础更加宽厚。五十年代,我们外

---

① 见《外国语文教学》1980年第2期。

语院校的"毕业生即使分到专业性比较强的业务单位,经过一段较短时间的锻炼就可以适应工作,其主要原因是外语基础比较扎实。课程内容有一定的专业知识,而且具有针对性。"①(着重号是引者加的)

  实践是检验真理的唯一标准。我们的这些看法很可能不合潮流,失之偏颇,但我们愿意在实践中接受考验,修正错误,和大家一起共同求得我国外语教学质量的提高。

(原载《1983年中国俄语教学与研究文集》,后转载于
《中国俄语教学》1984年第3期)

---

① 见《外国语》1983年第5期第3页。

> 如果一个人从肯定开始，必以疑问告终。如果他准备从疑问着手，则会以肯定结果。
>
> ——弗兰西斯·培根

谈外语院校的培养目标与提高教学质量的关系

一、从外语教学的质量标准说起

我们探讨提高外语教学质量的途径，首先应该明确一个问题：什么是外语教学质量的高标准。周总理对于高等外语院校的学生曾提出过搞好三个基本功的要求，即政治思想方面的基本功，语言本身的基本功和文化知识的基本功。仅就语言基本功而论，作为外语院校四年制的毕业生，在听、说、读、写、译方面究竟应该达到什么样的标准才算高？文化大革命前外语专业教学大纲对五会能力规定的标准是低还是高？达到了还是没有达到，或者超过了？现在提出提高外语教学质量，是要求恢复到文化大革命前的那个水平（如果原来是达到了的话），还是争取在那个水平上有一个新的更大的提高？标准不搞清楚，我们在讨论问题时就会失去共同的语言，说不到一起去。

1956年高等教育部推荐试行的"高等俄语学校综合大学俄语系现代标准俄语实践教学大纲"，是经过高等俄语教学大纲审定会议讨论、修改后通过的,它虽然也有某些缺点和不完善之处(如对听力没有提出明确的要求等),但较之后来各院校自行制定的大纲仍然具有一定的权威性和代表性。因此,我们想把它提出的几项要求拿来作为我们讨论标准的基础。这个大纲规定,四年制的毕业生应当"掌握6000-7000个单词,其中属于积极掌握的应有2500-3000个单词"。在口语方面,应当"能自由地就任何题目进行对话(在学过的题目范围之内),在对话中能运用俄语中的熟语、成语或带有感情色彩的词,善于选择最适合当时情况的同义词并会运用口语中典型的句法结构。能作对于事物(问题)进行分析、评价和描写性质的发言。""在写作方面,学生应当能就四年内学过的任何题目或与其类似的题目用详细的作文形式叙述自己的思想,在词汇上和语法上正确、多样化,而且不犯严重的修辞错误。在翻译方面,学生应当能把任何一篇由学过的词汇和熟语编成的、生词不多的文章正确地从汉语译成俄语和从俄语译成汉语(口译和笔译)。借助词典学生应能翻译任何一篇非专业性的文章,保持原文的基本思想并译出对理解原文很重要的细微意义。""在阅读方面,学生应能不用词典以每小时读15000个印刷字符的速度阅读并了解任何一篇非专业性的文章以及本门基本专业(语言学、教育学)的文章。"

要在大纲规定的1224个学时内(包括书面作业和提高口语能力的时间),即使再加上有限的课外时间(我想特别提醒大家注意这个时间量),全面达到上述要求恐怕不能说是低标准了吧。就拿要求掌握单词的数量一项来说,据一些语言学家的调查统计,"一个没有接受过学校教育的人在日常生活中只使用几百个词","学五千个单词就可掌握一种外国语",可见、学生四年能掌握六、七千个单词,其中积极掌握

2500—3000，一般是可以满足工作需要的。问题是，我们历届的毕业生是否都已经达到了上述的各项要求？如果单纯从各院校学生的毕业考试成绩看，恐怕95%以上的人都是达到了的，而且其中有三分之二获得"良好"。但是这个成绩并不能完全代表学生的实际水平。因为，一方面，我们教学大纲有些要求本身就定得笼统，如对翻译没有提出速度要求，对阅读没有指出文章的难易程度。同是一篇非专业性的文章，单词都是学过的，有的可能就比较容易，有的可能就很难。我们有时甚至很难判断某一大纲中的某一要求究竟是针对哪个年级的学生提出的，如果我们不预先看这些大纲说明的话。另一方面，我们缺乏统一的科学的考试办法，各院校同一年级的试题深浅不一，评分标准各异，考不出学生的实际水平。根据我们多年来在外语教学中的切身观察，应该说，能全面达到上述五会能力要求的学生是很少的。以阅读为例，四年结业时能在一小时内阅读7.5—8页语言学或教育学著作的学生，可以说是凤毛麟角。

现在我们讨论提高外语教学质量，从整个社会舆论的呼声和一些同志的文章来看，似乎不是要恢复或争取达到文化大革命前大纲中规定的水平，而是要求在那个水平上有一个新的更大的提高。比如有的同志对翻译提出要达到两个"地道"的要求，即汉译外，要译成地道的外语，外译汉，要译成地道的汉语；有的同志对口语提出要求达到用外语交谈不经过内心翻译的流畅自如的程度。我们认为，在不改变当前外语教学体制的情况下，而只是在具体教学法上作某些变动，要想真正达到文化大革命前教学大纲中规定的各项要求已属不易，如果还想在那个水平上有一个新的更大的提高，恐怕是很困难。要使我们的外语教学质量有一个大的提高，能够适应四个现代化的需要，教学体制的改革应该是当务之急,必须尽快解决。本文只想着重谈谈教学体制中有关培养目标的问题。

二、培养目标不明确直接影响教学质量的提高

目前,我国各类外语院校的培养目标不够明确,这种状况对外语教学带来的影响是:

(1)课程繁杂,精力分散,学用脱节。

我们外语学院成立几十年来,教学大纲几经变化,但培养目标始终是"翻译、教师和其他外语工作者"。在这个培养目标中,除过从事外语工作这一点是肯定的以外,其他的规定几乎等于什么也没有说。且不说翻译和教师,仅第三个目标一项包括的范围就是相当广泛的。当然,这里面的排列顺序有它一定的意义,排在最前面的"翻译"似乎是主要目标,其次才是教师,但从我们建校以来学生分配的情况看,作翻译的远不是所有语种在所有时期都占多数。培养的目标不明确,不兑现,这实际上就是要求学生毕业后能够担负他所学语种的任何工作,既能作翻译,又能作教师,既能作口译,又能作笔译,既能译政治、文学作品,又能译各种科技文献,还能从事语言研究等那个第三目标包括的其他工作。总之,是一个外语上的"完人"。为了实现这个模糊不清的目标,学校在课程设置、教材编选和对学生的要求方面,只好"全面出击",一味追求的就是一个字——"全"。但是由于目标不明确,所谓"全"实际上也就失去了衡量的标准。对培养翻译来说,课程开设可能称得上齐全,但对培养教师来说,就可能显得欠缺。再加上教学内容和时间的矛盾,要作到包罗万象,面面俱到是不可能的。其

结果，只能加重学生的负担，学生学得的知识广而不深，掌握的技能泛而不精，样样都会，样样都过不了关。如果把学生毕业时所具有的五会能力分开来衡量，恐怕每一种能力都低于特定的外语工作对这种能力的要求。作科技翻译，不如有些学过外语的理工科大学生；作教师，在教育学方面不如师范大学外语系的学生。即使拿一般人认为比较容易的书面的外译汉来说，能够把一篇政治或文学作品准确、流畅地译成汉语的学生，也是不多的。且不说外语水平如何，有的人汉语表达能力就不过关。下面是联合国科教文组织一位审校员同志的感想，对我们讨论这个问题不无启发，所以想多引几句。他说："没有搞过翻译的人常常以为把外语译成母语最轻而易举不过，因而忽视锻炼正确运用祖国语言的能力。""国际组织的文件，或者国际会议与会者的报告，有的政策性很强，逻辑严谨，要译成通畅可读的汉语，并非易事，更不必说修辞、文风等问题，有些译者，外语水平不低，对原文理解一般不成问题，但由于忽视汉语遣词造句能力的训练，出手的译文往往过分拘泥于原文的形式。句式臃肿，行文累赘，甚而语义含混，逻辑混乱。作为审校，宁愿校阅那些汉语清顺，但有某些地方误解原文的译稿，因为这样的文字，一经改正误译，即可发稿。反之，似乎句句都能对上原文，但每句读起来都佶屈聱牙，全篇语气不贯，这种译文改动起来最花功夫，有时甚至与自己重译无异。"（见"现代外语"1980 年第3 期）

  翻译、教师和语言研究作为不同的职业，笔译、口译，文学翻译和科技翻译作为不同的工种，要能胜任，不仅需要一定的外语知识，而且要有本门工作所必不可少的其他基础知识。作为一个外语教师，如果不懂得教学法、教育学、心理学、逻辑学，即使外语很好，也很难称得上是一个合格的教师。就外语本身而言,不同的职业和工作,要求的侧重面也各有不同:语言研究侧重于语言的基础理论知识,口头翻译则侧重于听说能力。工作单位并不需要一个外语干部掌握某种语言的全部知识和技能,它需要的是能完成本职工作的专门知识和技能。一个从事外国文学研究的人,如果口语不好,我想是不应受到指责的。而培养目标不明确,对学生的培养就不可作到专。学校是为社会服务的,学习语言主要是为了能在社会上用,学校培养的规格应该以将来工作上的需要为依据,像现在这样目标分散,对学生"求全责备",学用脱节,学生在校学得的东西工作上用不上,工作上需要的东西又没有学或学得不够,怎么可能培养出高质量的外语干部?

当然,学校不可能完全满足学生将来工作的一切需要,"一次教育"不可能代替"终身教育"。但是,要求学校的培养目标明确,培养目标和对学生在外语方面的要求应该同他们将来的工作相一致,无论如何总是合理的。

(2) 听、说、读、写、译五会能力全面要求,不可能达到全面的高标准。

语言的活动范围几乎是无限的,外语教学想在一门有限的学科有限的时间内解决太多的问题是不可能的。五会能力中的任何一种能力都有它自身的特点、要求和规律,一般都要经过一段时间的专门训练才可能取得一个较为理想的水平。过去我们用了四年时间,开了那么多的课程,学生的五会能力尚不能适应工作上的需要,如果现在对五会能力提出更高的标准,那势必还需要增设课程和延长学习时间。而如果五种能力根据各自的需要都要增设课程和延长学时,则会大大加重学生负担,学制再延长一年也未必能解决问题。

其次,五会能力一起培养,教学中必然互相牵扯,互争学时,捉襟见肘,顾此失彼,结果是既全不起来,也高不上去,这是我院和国内许多院校的经验一再证明了的。"英国里兹大学把看、听、讲、写四个阶段混在一起进行,结果四年制的学生能看懂人民日报标题,听懂七成普通话,讲几句应酬话,写一封短笺中国人看不懂,而美国哈佛大学采取两年制,把四个阶段分开,一部分只学看,一部分只学听,毕业后需要深造的再学两年讲和写。专看的人,两年毕业时,能把人民日报的一篇社论正确无误地译成英文,但如有人读给他听,他一句也听不懂。"(转引自《外语教学》,1979年第1期第11页)这种方法的其他方面我们暂可不论,但几种能力混合训练的效果不好,则是显而易见的。国内外许多外语院校都先后采用过重视理解分析的语法翻译法和重视口语运用的听说法,有的学校还会把这两种方法在平行班中进行试验,其结果常常表明,听说法培养出来的学生虽然在听说方面较前者略有胜过,但在读写方面则不如语法翻译法培养出来的学生。我国解放前教会大学外语系的学生听说的能力比一般国立大学外语系的学生好,但读写的能力则逊于后者。可见,五会能力混合训练的结果总是此长彼短或此短彼长,至今我们还很少见到哪一种方法培养出来的学生能在五会能力方面达到全面的高标准。再则,学生的智力发展和特长各有不同,有的逻辑思维能力强,有的口才好,有的笔头行;有的能够作到五会,有的可能只作到一会或者两会。这种状况只能因势利导,因材施教,强为其所不能,就会影响教学效果。最后,每一种能力的培养都要有一定的条件,但不是所有的外语院系都具有相同的条件。比如,为了培养优秀的口译人员,首先要有口语很棒的教师,如果教师讲外语要通过内心翻译的过程,怎么可能培养出不经过内心翻译而能自由进行外语交谈的学生?培养口语翻译还要有完善的教学设备和良好的外语环境,如有的国家在校内设有专门的外语村,使学生完全浸泡在所学语言的环境之中。现在社会上评价外语教学质量,常以口语为标准,并且把它看得很难。其实,如果把口语作为单项任务来训练,再加上上述的条件,口译人员的水平是不难提高的。反之,如果没有这些条件,而只是加强实践课课堂上的口语成分,要培养高级口译人员,恐怕只能是一句空话。

凡此种种说明,要求五会能力全面达到高标准,作为一种愿望是无可非议的,而作为一种目标是不易实现的。

(3) 不同外语院系的培养目标相互交叉,分工不够明确。

外语学院和综合大学外语系的培养目标大致相同,外语学院、综合大学和师范院校外语系专门培养师资的任务又彼此重复,这样就抹杀了这些院校各自的特长和教学条件的差异,分散了同一专长的教学力量,因而不利于发挥优势,集思广益,提高教学质量和开展科学研究工作。

三、两个基础

有人以大学教育是打基础来为外语教学的这种状况辩解,这是不能令人信服的。打基础并不排斥专门化。学习任何专业都有一个打基础的问题,但这并不排除在有了一定的基础之后分科进行专门训练的必要性。理工科院校一直是这样作的,现在人们只是反对分科过细,还没有人否定分科。否定外语专业可以分科教学的人实际上是混淆了两个不同的基础:一是某一外语共同的基础知识,一是从事这一语种范围内某一具体工作所需要的基础知识。这两个基础是统一的,但不是同一的。一般的外语基础知识,如基础的语音、词汇和语法知识,是从事外语工作的起码条件,但光有这个基础,还不能保证作好特定的外语工作。不承认这两个基础的存在和差别,在教学安排上就难免失误,影响到教学质量的提高。外语学院正是由于培养目标不明确,所以往往只抓了第一个基础,而忽视了第二个基础,结果导致学生毕业后感到业务水平不能适应工作需要。

四、几点建议

基于上述分析,我们认为要彻底改变我国外语教学落后的局面,必须首先抓带有全局性的东西,要改革目前的教学体制。我们建议:

(1) 对我国建国以来各外语院系历届毕业生的分配和工作情况、我国使用外语干部的各行各业的重点单位进行一次广泛地调查研究,进一步明确我国外语教学和社会需要之间的矛盾所在,弄清楚全国外语干部需要的数量和质量,然后根据社会需要定出我们各类外语院校的培养目标和招生数量。

(2) 从各院校的具体条件和特长出发,明确不同院校的培养目标。

(3) 由教育部、用人单位和外语院系共同组成一个小组,讨论并重新制订各专业的教学大纲,定出各语种、各专业需要开设的课程,明确对学生的具体要求。

(4) 在有多种培养目标的外语院系实行分科教学。学生进入大学后,根据实际外语水平可用两年左右的时间掌握所学语言的基础知识和基本技能,在基础教学阶段结束后进行一次考试,成绩不及格者,留下来继续再学,及格者,按照学校的培养目标和个人爱好、特长分科编班,进行专门训练。在进行专门训练的同时,继续打基础。打基础在专门训练中的比重应逐渐减少。学到四年级,可以学一段时间,工作一段时间,再学一段时间。

(5)建议教育部根据教学大纲的要求,对外语院系的毕业生实行统一考试,以保证质量,鼓励先进。

这样做,目标具体,方向明确,能够作到学以致用,有的放矢,有利于扬长避短,发挥各个院校和学生的特长,充分调动师生的积极性,逐渐形成各有特色的外语院系。这样做,可以缩短战线,集中力量打歼灭战,有利于师资的培养和科学研究工作的开展,有利于快出人材,出好人材。国外特种专用英语教学之所以能在短期内取得较好的效果,定向教育之所以在南斯拉夫日益受到欢迎,不就是有目标明确、单一,学用结合,针对性强这些原因吗?

有人说,专业不对口在我国高等教育中是普遍现象,不但外语有,理工科也有,很难解决。我们认为,正在做的,不一定都是对的,陋习不等于真理,解决问题的困难还不能证明解决方法的不存在或不可能。作为我们一切工作的前提,应该是社会主义建设的需要,只要对社会主义建设有利,即使有艰难险阻,我们也应知难而进,一年不行,两年,总应该向着这个方向努力才是。

(原载《外国语文教学》1980年第2期)

对改进阅读课的几点设想

关于阅读在外语教学中的作用问题,历来存在着分歧。重视阅读的人认为它是外语教学的中心,阅读能力上去了,读的书多了,外语自然会好。轻视阅读的人则认为阅读没有必要专门培养,识字会唸,懂得语法,自然会读。近些年来,随着文献资料的大量增加,外语界对这个问题的争论又热了起来。本文想结合我院阅读教学的实际情况谈谈自己的一些看法,算是引玉的一块砖头,先抛出来,请同志们批评指正。

一、阅读既是一种手段也是一种能力

(1) 阅读是一个人一生中获得知识的主要手段,学生出校后的提高主要靠阅读。教育不应该只是传授知识,而且应该教会学生获得和驾驭知识的方法,把打开知识宝库的钥匙交给他们。当今的世界处于"知识爆炸的时代",全世界每年科技文献的增长六千万页,而学生在校获得的知识只不过是人类知识海洋中的一珠小水滴。如果我们没有教会学生自己获得知识的本领,没有教会他们使用独立阅读这把钥匙,那么他们将来的专业提高就会受到很大的限制。会读书又读得多的人,必然提高快,进步大。

(2)**阅读是绝大多数学生将来工作应该具备的必不可少的一种能力**。不管是从事翻译或者科学研究,只要不是口头工作,就都离不开阅读这个环节。读懂是翻译和吸收他人成果的前提。即使是口译工作,在现在的中外文化交流中,由于科学技术的发展和各种知识的相互渗透,不广泛阅读,没有一定深度、广度的文化思想修养,也是做不好的。另外,阅读还可以增强学生对多种工作的适应能力。

(3)**阅读可以促进写、说、听能力的发展**。阅读是对所学词汇、语法知识的一种综合运用、检验和复习,在阅读中可以巩固已学的知识。通过阅读还可以接触更多、更复杂的语言现象和各种题材、体裁的作品,从而开阔学生的眼界,启迪学生的思维,丰富学生的语汇,发展学生的语感,提高他们的接受和表达能力,而这无论对说、对听、对写都是有益的。读和写的关系则尤为密切,杜甫说"读书破万卷,下笔如有神",就是对读在写作中的作用的肯定。阅读和说、写在很多方面是相通的。书籍可以提供生动的模仿范例,在没有外国人的情况下,主要是它可以代替外国语。

(4)**阅读是一种需要专门培养的能力**。那种认为只要认识字就能阅读的看法,是肤浅的。独立的阅读能力是由多种单项技巧组成的,如理解语言的能力(识词、析句、悟意等);快速阅读的能力(无声默读,以短语、单句为认读单位的大单位阅读,眼睛运动的技术等);运用、查参考书的能力;分析、归纳、综合、作摘要的能力等、这些能力中有的是阅读课和其他课的共同任务,有的则必需靠阅读课单独来培养。

可见,阅读既是一种手段,也是一种能力,要使它发挥其手段的作用,首先必需具备这种能力。而现在人们忽视的恰恰是对这种能力的有意识的培养。

二、关于阅读课的现状

（1）在我院的专业课程设置中,泛读课通常被认为是专门培养阅读能力的,而对它的对立面——精读课,人们反而没有这种看法和要求。这从侧面反映了精读课名实之间的不协调。精读和泛读是一个统一体中矛盾着的两个方面,它们之间的差别主要是阅读方法和要求的不同,而作为它们共性的东西则应该是读,不应该包括听说写译。可是,我院的精读课实际上是听说写读译五种能力综合训练,语音、词汇、语法、修辞全面讲授的一门课程。它的任务大大地超出了阅读的范围。精读课性质的变化必然影响到泛读课。泛读课的特点本应是"泛",但由于它的学时有限,又要担负精读的任务,结果就变得既不泛（阅读量小）,也不精（讲解粗略）,和它的名称也产生了距离。再加上各种因素的干扰,长期得不到应有的重视:课程的目的和要求不够明确,教师经常变动,教材谁上谁编,教学方法各行其是,几乎形成自流,因此被有些人称之为"豆芽课"。

（2）而教学计划中的另一些课程,如文学选读、外报选读、科普外语,虽然没有明确它们的性质,但就其所担负的任务来看,实质上也是阅读课。它们按理应该互相配合,协调一致,为提高学生的阅读能力而共同努力,然而事实上却是各自为政,互无联系,互不衔接,没有一个统一的整体规划和要求。

它们同精读课和泛读课的关系，特别是和泛读课的关系更是混淆不清。精读、泛读，如上所述，是阅读方法和要求上的分类，文学选读、外报选读、科普外语是阅读内容的分类，不能脱离阅读内容而空谈阅读方法和要求，而任何内容的阅读也必然涉及到一定的方法和要求。因此，精读课、泛读课和上述课程发生撞车就成为不可避免的了。精读和泛读的教材中有文学、科普、政论时事的文章，文学选读、科普外语在教学方法和要求中也有精泛的问题。只是由于精读课的教学目的不同——发展学生的五会能力，所以和它们的矛盾表现不很明显。泛读课则不然，它的教学目的和上述课程基本相同，加之又丢掉了自己"泛"的特点，因而就显得叠床架屋，重复多余。

我们无意要夸大阅读在外语教学中的作用，也不认为它就是中心，但是阅读课的重要性无论如何绝不亚于现在的所谓"精读课"。我们必须及时扭转轻视或忽视阅读的状况，对阅读课的开设作一番仔细、认真的研究和讨论。

三、对阅读的几点设想

（1）正名。基于以上所谈，我们建议废除精读课和泛读课两个名称，而把所有培养阅读能力的课程都集中起来，统称之为阅读课。在阅读课内部，根据阅读内容的不同分设：基础阅读、政论阅读、科普阅读、外报阅读和文学阅读等课型。阅读课应该制订统一的教学大纲，提出课程的总任务和总要求，明确各种课型之间的分工、配合和衔接问题。至于培养五会能力的课程是否可以叫做综合实践课，或发展言语课，只在低年级开设。综合实践课开设的时间拖得愈长，愈不利于学生五会能力的大幅度提高;而且从课程的任务、要求和教师的能力来看,到了高年级由一人担任也有困难。

(2)开设的时间。阅读课应单独开设,从学生掌握了初步的语法知识和两千左右的单词以后开始,一直开到四年级第八个学期。其所以要单独开设,是因为阅读能力一般比听说写译的能力发展快,如果把阅读和其他能力放在一起培养,其结果常常是迁就了后几种能力的培养而拖了阅读的后腿。其所以要开这么久的时间,是因为阅读课的任务重,没有较长的时间的系统培养是完不成的。

(3)阅读课的任务是:复习巩固已学的知识;提高理解和分析语言的能力;扩大词汇量;发展语感。开阔眼界,扩大知识面,了解所学语言国家的风土人情、史地文化和政治经济情况。培养独立阅读的能力。

(4)阅读课的要求。要求学生毕业时:①掌握一般阅读和快速阅读的步骤、方法和技巧;②阅读5000~8000页的作品;③扩充词汇量4000词左右;④阅读中等难度作品的速读速度应达到一分钟200~250年词;⑤能独立阅读外报、一般的专业科技和文学作品;⑥能熟练使用主要的工具书和参考书;⑦有做缩写、概述和摘要的能力。

(5)阅读课教材。阅读课教材应以系或专业为单位统一组织编写,作到基本稳定。基础阅读教材的内容主要是简写的原文故事、小说,介绍外国风土人情、仪礼习俗、史地文化的作品。文学阅读的材料应是文学原著,要包括该语种主要作家的主要名著。政论教材中应有革命导师的经典著作和反映当时政治生活的文章;报纸阅读教材还要有读报常识的介绍。教材的题材要尽量广泛,体裁应力求多样;要思想健康,语言规范、流畅、生动,内容充实,富有趣味性；文体和语言特点有代表性。在材料的编排上，应题材和语言兼顾，在题材适当集中的同时，考虑语言难点的分散和循序渐进、由浅入深的教学原则。

（6）教学方法。

1．课内外结合问题。课堂教学和对学生课外阅读的指导在全面完成阅读课的教学任务中都是十分重要的，都应该列入教学计划，抓紧不放。在当前特别要防止对课外阅读指导的忽视。课堂教学的任务主要有三：讲解阅读方法和训练阅读技能；讲解新的语言知识，提高学生理解和分析语言的能力，检查阅读效果和作业完成情况。课外主要是学生自己阅读教师布置的材料，教师定期给予辅导和质疑。课外阅读的量应大大多于课堂讲授。

2．精泛问题。在阅读教学的全过程中必须处理好精读和泛读的关系。精读材料一般应是在语言上有一定难度、内容上有一定深度，体裁上有代表性的文章和文章片断，需要讲解或质疑；泛读材料则不应太难，一般不需要讲解，只做检查，必要时可进行答疑。精读着重于质，泛读着重于量，质、量的关系是辩证统一的。没有广泛的大量阅读，阅读能力和知识水平就不可能有质的提高，但是如果只是"好读书而不求甚解"，"虽勤读书，如不读也"。精可以带动泛，泛可以促进精，精读为泛读扫除语言障碍，泛读可以巩固和扩大精读的成果。但是应该指出，阅读的成绩在很大程度上还取决于读的数量，所以我们必须注意加大阅读的量。

（7）考核。阅读课应该列入考试课程，每个课型结束和毕业考试时，都应进行考试。

(8)教师。建议各系成立阅读课教研室,挑选在阅读方面有专长的教师担任阅读课。教师选定后应基本稳定,不要随意调换,以利于教学经验的积累和教学方法的研究。

(原载《外国语文教学》,刊期无从查找)

后记

后　记

　　从 1952 年在上海俄文专科学校任教开始到 1990 年在四川外语学院离休,我在教学战线上整整奋斗了 38 个春秋。期间,讲授过"俄语精读课(也称词汇课、实践课)"①、"俄语语法学"、"俄语词汇学"及"语言学引论"等多门课程。在此期间,我虽然也发表过一些与所教课程有关的文章,如:"从系统论看语言发展的原因"、"本族语是学好外语的基础"、"俄语中有量词吗"、"现代俄语简单双主要成分句的词序"、"汉语词组的俄译"等,共 10 多篇,但真正塌下心来进行语言研究还是在上世纪 80 年代前后。那时,教学任务已退居次位,我的主要精力都用在俄语词典的撰写、审稿和与之相关的科学研究上。同时也写过一些词书评论和有关外语教学改革的文章,分别发表在《中国翻译》、《中国俄语教学》、《外语学刊》、《现代外语》和《辞书研究》等核心学术期刊上,共 30 多篇,其中大部分已收入本书。

　　由于这些文章是在不同年月写的,最初也没有明确的写作计划,碰到什么问题就写什么问题,所以个别议题难免有重复之处。比如

---

　　① 这些称谓都有点名不副实,其实它是一门以发展言语为目的的综合实践课,既讲词汇,也讲语法和语音。

1982年我曾发表过"俄语教学词典中词的搭配问题",但88年我接替蒋锡淮同志担任《俄汉搭配词典》主编(后因突患重病,又改由孙致详同志任主编),为了工作需要,我又写了"俄语词的搭配和搭配词典"一文,其中"词的搭配"一节就有少许重复,敬请读者鉴谅。

《俄语教学词典的理论与实践》据我所知,是我国第一部全面、系统、深入研究俄语教学词典的理论专著。它内容丰富、议题广泛,从教学词典产生的背景、特点和规模;词典词目的选择、词义的划分、释义的方式和内容,词汇辨异、词的搭配和例句、词目和词例的翻译以及例句的数量等。几乎囊括了词典编写的各个环节。它的理论主要源自于1963年商务印书馆出版的我国第一部《俄汉教学词典》(上册,试印本)和后来的《俄语教学词典》的实践。① 没有这两部词典的实践就不可能有本书的问世。

实践是理论的基础,理论是实践的升华,它们彼此关联,相得益彰。理论与实践的结合是本书的一个特点,它既不是空泛的坐而论道,也不是单纯的语言事实的陈述,而是二者的有机结合,有理有据,相辅相成。"词书评论"部分则是对前述理论的检验、补充和反证。

本书的出版填补了我国俄语词典学中的一个空白,对俄语教学词典的编写和俄语教学有着直接的意义和影响。对双语词典学和词汇学的研究也不无补益。读者如果细读,还可以从中领悟到学习外语的途径和方法。但同时应该指出,本书乃初探之作,有些议论可能失之

---

① 《俄汉教学词典》是四川外语学院俄语系编,其下册的全部书稿在文化大革命中被抄丢失。1975年广州中外语文词典编写出版会议决定,由四川外语学院俄语系继续承担俄语教学词典编写工作。该书现已由四川人民出版社出版,分上下两册,分别于1982年、1990年问世。

偏颇,不成熟,还须要进一步打磨和完善。热烈欢迎广大读者和专家学者批评指正,作者不胜感激。

最后,在本书即将出版之际,我仅向曾经给过我支持和帮助的伍铁平教授、赵军先生表示由衷的感谢!

作　者
2010 年 4 月于北京